Das Gedicht lebt!

Ausgabe 2012

Anthologie ausgewählter
zeitgenössischer
Dichterinnen und Dichter

Das Gedicht lebt!

Ausgabe 2012

Anthologie ausgewählter
zeitgenössischer
Dichterinnen und Dichter

Herausgegeben von
Rita G. Fischer

R. G. Fischer Verlag

Die Texte in diesem Band sind zum Teil nach der bisherigen, zum Teil nach der neuen deutschen oder der schweizerdeutschen Rechtschreibung verfasst. Wir haben hiermit die jeweilige Einstellung der Autorinnen und Autoren zur Rechtschreibung respektiert und ihnen auch hinsichtlich der Zeichensetzung jedwede dichterische Freiheit gelassen. Auch sehr eigenwillige Rechtschreibung, Interpunktion und Grammatik wurden auf ausdrücklichen Wunsch einzelner Autorinnen und Autoren beibehalten, oft nach langen Diskussionen mit dem Lektorat. Lyrik ist diejenige Literaturgattung, die am wenigsten in formale Schablonen zu pressen ist – auch das gehört zu ihrem besonderen Zauber.

Bibliografische Information Der Deutschen Bibliothek
Die Deutsche Bibliothek verzeichnet diese Publikation in der Deutschen Nationalbibliografie; detaillierte bibliografische Daten sind im Internet über http://dnb.ddb.de abrufbar

© 2012 by R.G.Fischer Verlag
Orber Str. 30, D-60386 Frankfurt/Main
Alle Rechte vorbehalten
Schriftart: Glytus
Herstellung: A. Bauer /Aa
Printed in Germany
ISBN 978-3-8301-1565-6

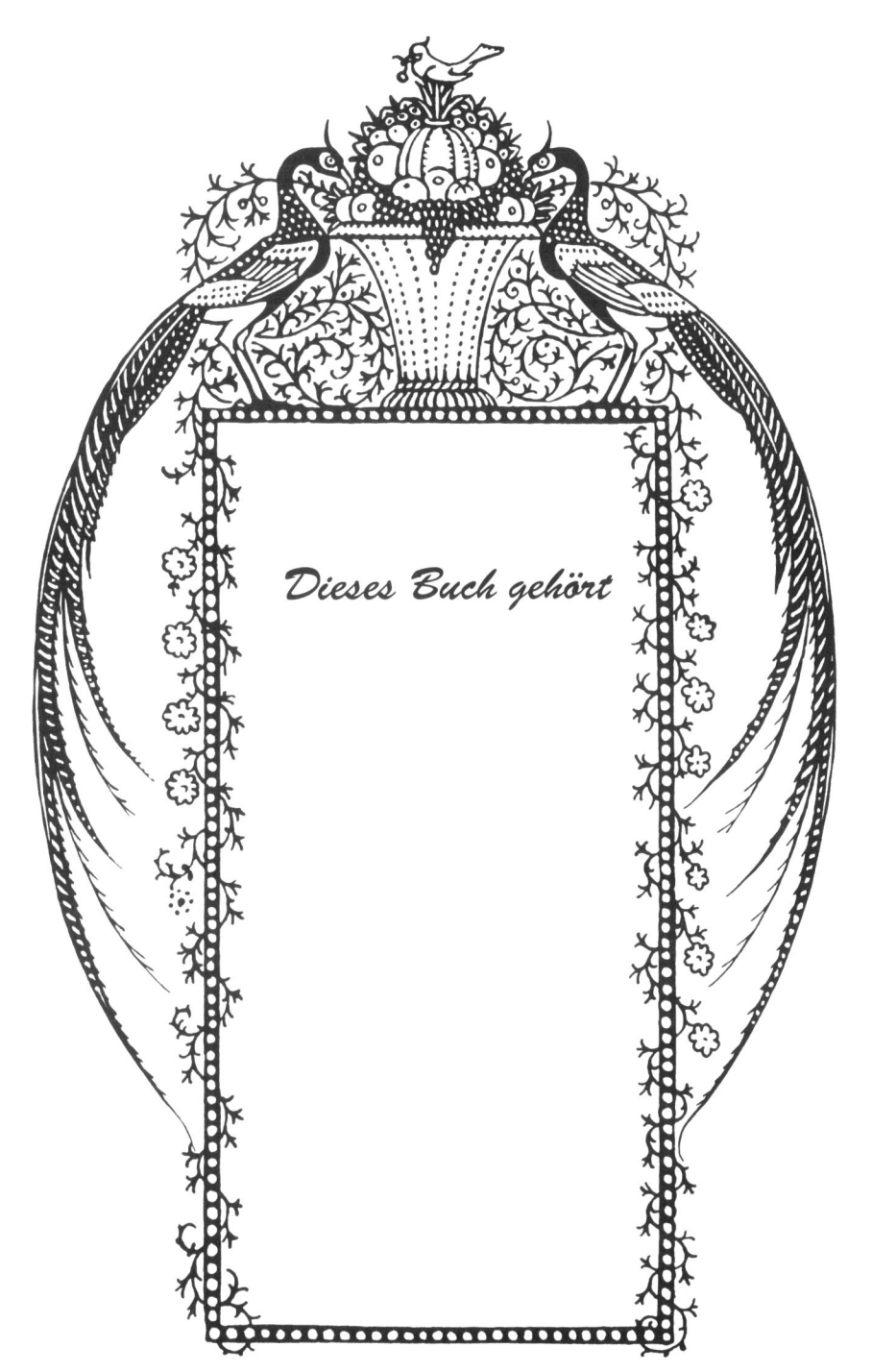

INHALTSVERZEICHNIS

Vorwort 9

Wulf von Appen 12	Anna-Maria Kromm 66	Hanjo Winkler 144
Jana Behm 20	Otto Kudrus 72	Harald Wirtz 146
Renate Bösel 22	Christel Lubjan 74	Gertraud Zenker 148
Volker Brychs 30	Uschi Martens 90	
Sabahate Byci 32	Klaus-Dieter Mattern 92	Literaturwettbewerb
Marco De Luise 34	Bobré Orré 94	»Frischer Wind in der Literatur«
Ludwig Engstler-Barocco 38	Ilse Perker-Mader 100	Preisträger 2010/11 153
Antje Gräubig 46	Christian Schmidt 106	
Stefan A. Haser 50	Hans Schricker vom Paukowitsch 114	Anhang:
Renate Heetmann 52	Ute Schülke 126	Ausführlichere Angaben
Bernd Herrde 54	Sandra Schwabe 128	zu einigen AutorInnen 156
Birgit Hertel 58	Martin Schweitzer 130	
Karin Hufnagel 60	Eva Maria Selbach 138	»Frischer Wind in der Literatur«
Sieglinde Jörg 62	Wolfgang B. Simons 140	Vorauswahl 2011/12 159
Marianne B. König 64	Milan E. Wenzler 142	Namensverzeichnis Vorauswahl 206

Vorwort

»Das Gedicht lebt!« war ein Jubelruf, den wir im Jahre 2000 mit dem ersten Band dieser Anthologien-Reihe dem beginnenden dritten Millennium entgegenschmetterten. Das Echo war von allen Seiten so groß, dass wir beschlossen haben, jedes Jahr eine so luxuriös ausgestattete Anthologie herauszubringen.

Noch vor wenigen Jahren galten Gefühle und Romantik als »uncool«, als unvereinbar mit dem rasanten technischen Fortschritt und der menschlichen Ratio. Glücklicherweise hat sich das wieder geändert: die heutigen jungen Menschen revoltieren wie eh und je gegen die alten und verkrusteten Traditionen. Dabei zeigen sie aber offen und ungeniert ihre Gefühle, ihre Wünsche und Träume, die sich kaum von dem unterscheiden, was seit jeher die Sehnsucht der Menschenkinder ist.

Zu Zeiten der Romantik waren Gedichte überaus gesellschaftsfähig und wir verdanken dieser Epoche und ihren Dichterinnen und Dichtern viele große Gedichte, die Eingang in die Weltliteratur fanden. Im Zuge zunehmender Technisierung wurde Poesie mehr und mehr zum Stiefkind der Literatur, jedenfalls der »offiziellen«, wie sie von den meisten Verlagen produziert und in Buchhandlungen verkauft wird. Die Ecke mit Gedichtbänden ist in vielen Buchhandlungen schändlich klein und ärmlich bestückt.

Doch in den Herzen der Menschen sind Gedichte immer lebendig geblieben. Ich bin sicher, dass viele Menschen in bestimmten Augenblicken Gedichte schreiben und sie schamhaft ganz hinten in ihren Schubladen verstecken, sei es, weil ihnen ihr Gefühlsüberschwang peinlich ist, sei es, weil sie meinen, ihre Werke seien nicht gut genug, gemessen an den Kostbarkeiten, die unsere großen Dichter schufen.

Gedichte entstehen immer in Momenten tiefer Ergriffenheit, wenn wir herausgehoben sind aus dem grauen Alltagstrott. Ihre Themen sind so vielfältig wie die Schöpfung selbst. Sie werden geboren aus den ganz großen Gefühlen: aus Liebe oder dem Schmerz, wenn eine Liebe erlischt, aus Ehrfurcht vor Schönheit in all ihren Facetten, aus Demut vor der Vollkommenheit der Natur. Gedichte können Lobpreisung oder Verzweiflungsschrei sein, Gebet oder Appell, Hohes Lied oder Klagegesang, sie können anbeten und verdammen, beschreiben und erklären, fragen und antworten. Immer fassen sie in wenigen Zeilen zusammen, worüber andere ganze Romane schreiben.

Selbst eine der kürzesten Formen, das Haiku, lässt im Leser Bilder, Situationen und Landschaften erstehen und bietet unendlich viel Stoff zum Nachspüren und Philosophieren. Keine andere Literaturform bietet dem Leser so viele Möglichkeiten, eigene Empfindungen im Gelesenen widerzuspiegeln wie das Gedicht. Gedichte bringen die Seele zum klingen, malen Bilder, wecken Erinnerungen und Sehnsüchte, schenken Einsicht und Weitsicht, sie öffnen Fenster und Türen in den unfasslich großen Raum, in dem wir für die Dauer eines Wimpernschlags der Ewigkeit unser kleines Leben leben. Gedichte machen reich: den, der sie in die Welt schickt – und den, der sie mit offenen Sinnen liest, bei dem sie auf fruchtbaren Boden fallen.

Dieser Sammelband enthält in alphabetischer Reihenfolge der Autorennamen die unterschiedlichsten Gedichtformen, und sicher sind für jeden Lesergeschmack Texte dabei, die zu Lieblingsgedichten werden. Bestimmt gibt es auch Beiträge, die nicht jedem gefallen, denn in der Mode und in der Literatur hat jeder so seine ganz eigenen Neigungen. Man sollte sich indessen hüten, allzu schnell den Stab zu brechen und Urteile zu fällen. In einem schäbigen oder exzentrischen »Outfit« kann ein hochinteressanter und wertvoller Mensch stecken, und auch in einem Gedicht, das manchem vielleicht etwas zu »einfach gestrickt« ist, stecken doch tiefe Empfindungen eines anderen, fremden Menschen, denen nachzuspüren lohnend sein kann.

Der Mensch, der ein Gedicht schreibt, legt sein Innerstes bloß, er öffnet seine Seele dem, der sein Gedicht liest. Dem sollte man mit Achtung und Respekt begegnen, denn es gehört sehr viel Mut dazu, intime Gefühle und Anschauungen öffentlich zu machen. Auch das schlichte Gedicht eines einfachen Menschen kann die ewige Weisheit, die wir alle auf dem Grunde unserer Herzen tragen, für einen kurzen Augenblick aufleuchten lassen. Gedichte sind Lieder des Herzens, die in lauterster und reinster Absicht verfasst werden. Und so wie Lieder klingen manche sehr melodisch und lange in uns nach, andere mögen uns zu knapp, zu hektisch, zu fremd sein. Doch es wird andere Menschen geben, in denen sie gerade die Saiten zum schwingen bringen, die sie bei uns nicht anzurühren vermögen. Ein jedes Gedicht trägt eine Botschaft in sich, die es zu entschlüsseln gilt. Manche Gedichte werden in flüchtigen Momenten vorübergehender Emotionen geboren, andere dagegen stehen wie gemeißelt für die ewigen Dinge und leben in vollendeter sprachlicher Schönheit und in der Tiefe ihres Inhalts fort und fort, lange über ein Menschenleben hinaus. So lange es fühlende Menschen gibt, wird es Gedichte geben, dessen bin ich gewiss. Wer Gedichte schreibt und liest, ist nah, ganz nah am Herzschlag der Schöpfung.

Überwältigend groß ist stets die Teilnahme an unserem jährlichen Literaturwettbewerb »Frischer Wind in der Literatur«. Für den Jahrgang 2011/12 wurden weit über 2.800 Gedichte eingereicht. Daraus haben wir zunächst die besten ausgewählt, um dann letztlich die drei Hauptpreisträger zu bestimmen. Diese Vorauswahl finden Sie im Anhang ab Seite 159 in der alphabetischen Reihenfolge der Autorennamen. Auf unseren Homepages (z. B. www.edition-fischer.com) finden Sie die Teilnahmebedingungen. Einsendeschluss ist jährlich der 15. April.

Gedichte haben die zauberische Eigenheit, einen Funken vom Herzen dessen, der sie schreibt, überspringen zu lassen zum Herzen desjenigen, der sie liest. Sie sind die Perlen und Edelsteine der Literatur. Mögen Sie, liebe Leserinnen und Leser, in diesem Band viele solcher kostbar funkelnden Schätze für sich ganz persönlich entdecken!

Im September 2012

Rita G. Fischer

Wulf von Appen

Wulf Arwed Diether von Appen, geboren am 26.02.1927 in Schlesien, mit 16 Jahren Luftwaffenhelfer, erlebt Reichsarbeitsdienst, Wehrmacht, amerikanische Kriegsgefangenschaft, beginnt sein Jurastudium in Rostock, um es nach Flucht in die Britische Zone in Göttingen fortzusetzen. Mehrjähriger Aufenthalt in Sydney, Australien, dann Rückkehr nach Deutschland und Fortsetzung des Studiums, Erwerb des Diplôme Supérieur de Droit Comparé der Université Internationale de Sciences Comparées Luxembourg. Rechtsanwalt und Notar, Hauptgeschäftsführer und Justiziar der Architektenkammer Niedersachsen, bis 2000 Tätigkeit in eigener Kanzlei. Wulf von Appen lebt heute in Ostfriesland.

»Ein Gesicht ist ein Bahnhof der Züge.
Ein beredtes Kommen und Gehen, begleitet von Ankunft und Abschied,
mit der Sehnsucht, sich wiederzusehen.
Ein Gedicht.«

Trotzkopf

Erst hockt sie wütend,
Mit zerzaustem Haar,
Und scharrenden Füßen
Im Garten.
Und lässt
Ihr gestrenges Elternpaar –
So sonder- wie so wunderbar –
Großmütig auf sich warten.
Sich wiegend im blühenden Garten ...

Dann schwenkt sie behutsam –
Trällernd ganz leis –
Mit tanzenden Schritten
Im gezirkelten Kreis –
Ein Gehänge wilder Tomaten,
Wie einen Knirps aus Zucker und Reis.
Und lässt
Ihr einfältiges Elternpaar –
So wunder- wie so sonderbar –
Versponnen auf sich warten.
Sich wiegend im blühenden Garten.

Woher – Wohin?

Der Regen, der fällt,
Die Schienen, die silbern zerrinnen,
Der Urlaut der Räder,
Der Wind und der Reif
An den Wimpern der Jahre
Sind meine Gefährten
Auf den grauen, rechtwinkligen
Pflastersteinen der Straße.

Dein Schritt, der mich kreuzt,
Dein seidenbestrumpftes Flirrlachen,
Das Spiel Deiner Hände und Hüften
Getanzt vor dem Mondspiegel.
Die verwehte Stunde der Mitternachtsuhr
Sind meine Begleiter!
Auf den großen, blauschimmernden
Pflastersteinen der Nacht.

Friede

Aus tausend samtnen Tropfen
Fügt sich die Sommernacht.
Es ist, als wär das Klopfen,
Das in dem Erz der Kirchuhr bebt,
Das in der Ackerkrume lebt,
Davon erst aufgewacht.

Wie Noten einer Fuge
Stehn Sterne im Konkav.
Der Nachtwind raunt im Fluge
Vom Lied, das in Alleen träumt,
Den schattenmüden Weg umsäumt,
Als trüge er den Schlaf.

Mein Herz entflieht der Enge,
Das Lied schmiegt sich hinein.
Mir ist's, als ob es sänge:
Nie hast du noch so schön gewacht,
Nie Deiner Sehnsucht so gedacht,
Eins mit dir selbst zu sein.

Partituren der Nacht

Zart sich webend, Perl' um Perle,
Schwingend zittert es im Raum.
Tropfen hängen, beben, fallen,
Durch den Pulsschlag einer Rose,
Tränengleich vom Netz der Webe,
Tau, den jede Nacht still weint.

Töne, die wie nektartrunkne
Falter gaukeln durch die Nacht!
Nach der Anemone suchen,
Die ein Hauch ersterben ließ.

Klänge, die aus Riesenorgeln
Durch den Dom des Weltalls fluten,
Dich mit Sprossen aufwärts führen,
In der fahlen Bahn des Mondes,
Zu dem Schleier ferne Sterne,
An die Pforte dieser Welt!

Erd' und Himmel lauschen, wartend,
Nicht im Schlaf, doch atemlos,
Wie wir werden, wenn die Seele,
Unser Herz, ans Jenseits pochen.

Abendstern

Ferner, klarer Abendstern!
Dich zu sehen, will ich viele Wege gehen.
Nahe, ferne, diesen, den,
Gehen und sehen, verstehen und gehen.

Kleiner, ferner Abendstern!
Wenn Du leuchtest, ist mein Sinnen
Wie ein Aufbruch, dem Beginnen
Zaudernd in die Brust gelegt:
Soll ich rufen oder beten,
Dass mich einer Deiner steten
Strahlen still von dannen trägt?

Gib den Glocken im Gestühle,
Letzten Ausruf der Gefühle,
Wie ein Baum, der Früchte trug!
Weisen, die einst Worte hatten,
Irren durch der Dämmerung Schatten,
Hin, zum Atem, der sie trug.
Geisterhaft wie Elfenspuk!

Tröste, die verwelkt von Fragen,
Hinter Mauern Ketten tragen.
Sieh die Blinden, Stummen, Alten,
Bettler, die ihr Zelt entfalten,
Abseits jeder Fröhlichkeit!
Streichle ihre blassen Wangen,
Ihrem Suchen, ihrem Bangen,
Öffne Deine Flügel weit.
Gib der Sprache Wiederfinden
Ihres Glaubens an die Zeit,
mehr als nur Barmherzigkeit.

Ach, Du ferner, kleiner Stern!

»So«, eben »So«

Du durchblätterst Dein Leben
Wie ein Buch im Traum,
Auf des Schicksals Rätsel gebettet!
Ein Dasein, streng an die Stunde gekettet.
Ein rinnender Tropfen vom Zeitenbaum,
Der perlend dem Schoß seines Werdens entrollt,
Dann dunkel und schwer wird und bricht!
Den Heimfall erleidet
Und fragt sich und auch mich:
»Was habt ihr von meiner Seele gewollt?«

So geben sich die Sinne aus,
So seltsam ungeschickt.
Vieldeut'ge Schatten lösen sich daraus,
Wie Bettler, äugen um das Haus,
Von Zweifeln blass gebückt.
Und stürzen sich in früh verstummte
Gebete, flüchten sich und flehn,
Des Schicksals unheilvoll vermummte
Statuen, die im Dunkeln stehn,
Und die von jenem Glanz hoch droben
Vergessen werden, weil der Tod so ist,
Dass er – in seinen Händen aufgehoben –
Ein letztes Sagen zu dem Schluss ... vergisst!

So fügt sich alles zu Gestalten,
Und will doch ineinander gehen,
Und unentwegt und immerfort sich halten:
Die Erde quillt! Der Mond muss kalten!
Die Sonne blühn! Gruß veralten!
Und du musst immerzu »ver ... Stehn«!

Mecky's Beauty–Song
Ach, wenn man müsste ...

Ach, man müsste,
Früh am Morgen,
Gleich was für sein Schön-Sein tun,
Statt wie eine Zoo-Hyäne
Gähnend, mit zerzauster Mähne,
Länger als geweckt zu ruhn.

Nicht nur wegen
Seiner selber,
Ach, »mon dieu«, wer macht da Wind,
Aber wegen Chef und Kunden
Und den glatten Kunigunden,
Die nun einmal wichtig sind.

> *»Begrüßen Sie den Morgen mit Atemzügen*
> *auf dem Balkon oder am Fenster,*
> *trinken Sie schluckweise ein Glas*
> *heißes Wasser (mit etwas Zitrone) dazu.*
> *Es regt den Stoffwechsel an.«*
> *(»Constanze«, Jahrgang 1958)*

Unlängst folgt ich
Jenem Rate
Und ich trat auf den Balkon –
Ach, wie bald ich das bereute,
Nicht nur »juchzten« alle Leute,
Auch das Wasser war »too strong«.

O. W. Fischer,
Curt der Jürgens
Sind nun einmal Schuld daran,
Dass im Alter, ohne Schmirgel,
Nur ein Mann wie Willy Birgel
Vor der Welt noch »top« sein kann.

> *»Schneiden Sie sich Apfelringe,*
> *Nicht größer als 8cem Druchmesser,*
> *Und legen Sie dieselben in Tischlerleim.*
> *Sie sind gut gegen abstehende Ohren.«*
> *(Aus »Dem deutschen Hausschatz«, 1858)*

Darum steh ich,
Klocke fünfe,
Ein Picasso, halb abstrakt.
Reiße wild an dem Expander,
Press die Backen aufeinander.
Klocke sieben: Herzinfarkt.

Darum tret ich
Ständig Wasser,
Bircher Benner kennt mich auch.
Und ein göttergleicher Hermes
Steigt aus meiner Epidermis
Wie ein Geist aus Schall und Rauch.

Doch die Welt wird
Eifersüchtig.
Neidisch blickt mich jeder an;
Es entzieht sich auf die Schnelle
Glück, das so existentielle
Rätsel nicht ertragen kann.

Daraus lern ich;
Die Gemeinschaft
Ist der Schönheit nur geneigt,
Wenn sie sich, wie in Idolen –
Von der »Pharma« her empfohlen –
Rein reklametechnisch zeigt.

* * *

Ich beschließe heimzukehren
In der Trägheit weichen Schoß,
Und wie alle Füchtlingsknaben,
Red' ich bloß von »Soll« und »Haben«
Und – bin die Komplexe los.

Und nun schlaf ich
In »die Puppen«,
Habe Falten und 'nen Bauch.
Dafür lieben mich die Kunden
Und – ich hab herausgefunden –
Manche Kunigunden auch!

Aufkommender Sturm

Abende gehen
Mit Füßen
Ganz bloß
Über die Scherben
Der Tiefe.
Ein Floß
Setzt die Segel
Der Nacht.
Riefe doch
Jemand,
Wie wacht
Mein Mut
In der Stille.

Sieh,
Ozeane sind,
Doch es kreuzt
Kein Schiff
Meine Augen,
Nur Wind,
Und die Wolken
Ein Riff.

Darüber hin
Ziehen Möwen
Und Kormorane,
Ziehen auf
Und vorbei
Mit zerbrechendem
Schrei.
Im Mastkorb
Ergrimmt sich
Die Fahne.

Die Hummel

Sie kam herein geflogen,
Den Rücken krumm gebogen
Von des Sommers Last
– Fast –
Hätte sie ihr Ziel verpasst.

Sie kam herein geflogen,
Müde in weitem Bogen
Ganz ohne Hast.
Der Sommer war in Blau verblasst
– Fast –

Sie suchte Rast
Und er ging seiner Wege,
Sie trennten sich
Und nun war sie allein
In ihrem Suchen
Zwischen »Schein« und »Sein«
Und einer Hütte
In »geborg'ner Hege«
– Fast –

Sie tat, was alle tun,
Wenn sie scheiden:
Sie brummte still
So vor sich hin
Und sprach mit sich
Von Glück und Leiden,
Von Hummeln,
Die wie Schafe weiden
Und einer Sonne,
Die nie mehr verblasst:
– Fast –

Herbstlicher Weg

Der Weg ist aufgerissen.
Die Spuren halb verweht.
Ich spüre den Zug grauer Schatten,
Der lautlos vorübergeht.

Wer gestern dahin schritt? Wer weiß es!
Schon heute verhüllt er sich sacht.
Nur des Jahres Werden umkreist ihn –
Der Mond und die Sterne zur Nacht.

Heute bin ich sein Erleben.
Schwermut, die aus mir bricht,
Presst Runzeln, Furchen und Strähnen
In sein uraltes Faltengesicht.

Weg! Du hältst in der Tiefe
Das Schicksal der Menschen verwahrt.
Auf dir gehen die ersten Schritte –
Wird die letzte Erinnerung gekarrt.

Zwischen Beiden, da steh ich
Und möchte wohl rückwärts gehen.
Ich fürchte am Ende der Straße
All meine Gespenster zu sehen.

* * *

Der Weg ist aufgerissen,
Die Spuren sind verweht.
Ich fliehe im Zuge der Schatten,
Der lautlos vorübergeht.

Ich geh die Kuh holen

Da stehst Du, Mittelpunkt der Wiesen,
Und hast von Weitem mich schon kommen sehen.
Du rührst dich nicht, Du fühlst, in diesen
Letzten Minuten ist der Tag »Ver... stehen«.

Du trägst die Hand der Schwere auf dem Rücken,
Geruch des Sommers und der Erdenkrumme.
Und Mittagsschatten, dunkel in den Blicken.
Im Maul, vergessen, eine Butterblume.

Wir trotten heimwärts, Seit an Seite.
Doch du bleibst hin und wieder stehen,
Wendest den Kopf zurück ins Weite,
Wie ein Entsinnen! Nimmer wiedersehen?

Im Hofe plappern schon die Kannen –
Das Abendleuchten tunkt im Teiche ein.
Die Bitternisse, die den Fluch ersannen,
Hör'n durch Dein »Muh« im Herzen auf zu sein.

Verwelkt schon Calando

Jetzt sind all diese Dinge
Klein und von mir gerückt.
Mir ist so, als ob ich ginge,
Fremd meine Nähe empfinge,
Müde, vornüber gebückt.

Wann? Und wo? waren Gestalten
Meinem Herzen je nah?
Alte Erinnerungen falten
Blass ihre Hände und halten
Ergrautes, versilbert im Haar.

Flüstert, was mir geblieben,
Nächtlich, durch meinen Sinn.
Worte, so licht noch vom Lieben,
In einer Sprache geschrieben,
Der ich nicht mächtig mehr bin.

Ritt am See

Still ruht der See, nur Vogelschreien!
Der Wind streift ächzend durch das Rohr.
Am Ufer stehen, wie Lakaien,
Die Weidenbäume in dem Moor!

Die Sonne drängt aus düstrem Walde,
Die Nacht verbarg ihr Haupt und ging!
Verzagt noch über Busch und Halde,
Ein scheuer Nebelschleier hing.

Das Leder knirscht, es klirrt der Bügel!
Fechtkalter Tau nässt das Gesicht.
Im Rosenbusch am Koppelhügel,
Die erste zarte Knospe bricht.

Wir sind am Ziel, ich spring vom Pferde!
In warmen Mädchenarmen lag –
Lächelnd mit lockender Gebärde –
Ein junger weicher Frühlingstag.

Herbstliche Lichter

Im Haus, die Uhr pocht Mitternacht.
Draußen, auf feuchten Steigen,
Von nächtlichen Seufzen angefacht,
Vom Licht der Laterne beweint und belacht,
Verhärmt sich der Herbst in den Zweigen.

Um mich stehen keine Lichter,
Nur mein Atem steht
Verwaist am Fenster, nicht er,
Ich bin es ja, der geht.

Vergessen ist noch nicht der Sommer,
Der See und die prunkenden Fahnen,
Die Boote, die Segel, die Bahnen
Des Lichts, ohne Punkt, ohne Komma.

Das Lachen, Echo-entschwunden,
Der Möwen in jauchzendem Flug!
Verloren im Äther der Stunden,
Vom Atem der Ferne umwunden,
Den der September noch trug.

Dahin gewehtes Verrinnen
Der Farben, der Spiele, des Lichts.
Hinwelkendes Entsinnen
In den Augenwinkeln des Nichts.

Südliche Begegnung

Ich zog die Straße abwärts.
Hinter mir blieb das Meer.
Eine trug Mandelblüten im Haar.
Ich weiß nicht mehr wer.

Jemand sprach meinen Namen
Euphorisch vor sich hin.
Schritt »fiore« singend,
Wieder aus meinem Sinn.

Menschen, Märkte und Messen
Luden freundlich mich ein.
Niemand trägt sein Vergessen
– Die Augen dunkler Zypressen –
Sein Erinnern allein.

Die Uhr steht still

Die Uhr steht still.
Ihre Zeiger: zwei hängende Finger,
Die erstarrt nach unten deuten,
Irgendwohin!

Die Zeit steht still.
Kein Ticken ihrer Minuten
Mehr in unseren Ohren.
Nur der Abklang der Stummheit
Steht neben uns im Raum,
Irgendwie!

Der Gong steht still.
Der Herzschlag der Uhren
Zu ihren Zeiten,
Die es nicht mehr gibt.
Vielleicht noch einmal
Aus weiter Ferne.
Für uns als Widerhall,
Irgendwann.

Alter Mann und Mond

Mond!
Blass leuchten Deine Wangen
Und hohl.
Ich kann nicht zu Dir gelangen.

Ich kann nicht zu Dir gelangen
Und wandere bloß
Unter den langen
Abfallenden Schatten.

Mond!
Du liegst aufgelöst, ausgestreckt.
Die Sterne sind Deine Haare.
Ich hätte Dich gerne zugedeckt!

Ich hätte Dich gerne zugedeckt!
So aber bleiben die Jahre,
Wo ich einst jung war –
Die Nächte!

Gewissheit

Wenn wir den Lichtstrahl
Unseres Daseins betreten,
Wird der Tod mit uns
Geboren.
Zur selben Stunde.
Er gehört uns
Nunmehr an,
So, wie das Leben uns
Von nun an angehört,
Ausgeliehen
Wie unser Atem.
Beides miteinander vereint,
Die Mitgift, Gabe
Unserer Geburt,
Deren
Versiegeltes Geheimnis.
Nicht mehr, aber auch
Nicht weniger!

* * *

Von dieser Stunde an
Ist der Tod
Der ständige
Begleiter unseres Seins –
Unseres »DA-Seins«!

Der uns schließlich
Aufnehmen muss
In sein »Asyl«,
Wenn das Schicksal uns zurückruft!
Zur selben Stunde.
Eine lediglich hinausgeschobene
Gewissheit, dass alles sein
Ende findet.

* * *

Unsere Seelen

Es sind der Seelen viele,
Ach, in einer Brust.
Wie Wesen hinter Gittern:
Sie äugen, lauschen, zittern
Sich selber unbewusst.

Es sind der Wellen viele,
Ach, in einem Meer.
Sie steigen auf und fallen
Und jede sagt von allen,
Dass keine wie die andere wär.

Es sind der Blumen viele,
Ach, in einem Beet.
Sie suchen nach DEM nicht,
Der ihre Knospe bricht,
Verwelken aber, wenn er geht.

ES sind der Seelen viele,
Vielfältig wie die Lust.
Und schon das Kind beim Spiele
Trägt Welten in der Brust.

City-Gesicht

Ich gehe und
Ein schriller
Abend kehrt ein.

Bilder
Gleiten behände,
Über Wände
Aus Stein.

Gleiten –
Und immer wieder –
Blasses Schattengesicht.

Schattengesicht,
Das die Wände
All meiner Bilder
Durchbricht.

Ich
Und meine Hände
Aber
Rühren sich
Nicht.

Der schwarze Bleistift

Schwarz und schlank,
In meiner ruhlosen Hand!
Auf dem weißen Papier –
Schwarze Symbole, Sternzeichen,
Ein Stier ohne Hörner
Und Picaderos, die –
Wenn ich einen Punkt mache –
Meine Sinne durchstoßen.

Ich spüre den Sand,
Die fiebrige Luft,
Schweiß, Blut und
Lavendelgeruch aus
Batistenen Tüchern.
Höre den Schrei: »Töte, da capo ...«
Und male blitzschnell
Dem Stier
Gewaltige Hörner.

Die Nacht ist da!
Und ich schärfe den Bleistift,
Betroffen!
Und hoffe, dass er,
– Der über uns sitzt –
Auf sein weißes Papier,
Mit schwarzem Stift,
Gnädige Symbole
Der Barmherzigkeit zeichnet:

Gitter des Lebens
Vor die Arena des Todes!

Die Straßenkreuzung
Die Entscheidung

Die Straßenkreuzung »Leben – Tod«
Lockt freundlich »Grün«,
Dräut düster »Rot«,
Und oftmals stehen wir Genarrten
Vor »Gelb« und müssen bloß warten.

Es flackern die Lichter hin und her,
Ein Schritt kann über alles entscheiden.
Doch einmal, wenn die Kreuzung fast leer
Ist, gehe ich still und frage nicht wer
Ist's, der den Schiedsspruch fällt von Euch beiden!

Jana Behm

Jana Behm: ich wurde 1963 in Schlema geboren und verbrachte meine Kindheit im Erzgebirge, wo ich wohlbehütet aufwuchs. Schon früh entdeckte ich meine Liebe zu Büchern. In der Vergangenheit habe ich schon einige Bücher verfasst und dabei die verschiedensten Themen verarbeitet. Neben meiner Arbeit als Büroangestellte habe ich außerdem ein Fernstudium im Journalismus absolviert und schreibe nebenher für einige Zeitungen Beiträge (www.Erzgebirgsautoren.de).

»Gedichte sind für mich unvergänglich, sie leben immer weiter.«

Urlaub am See

Du ruhst dich aus auf deiner Liege.
Hast endlich Freizeit zur Genüge.
Du siehst zum blauen Himmel empor
und lauschst dem Vogelgesang mit deinem Ohr.
Du lässt dich von der Sonne verwöhn'
und denkst, ach, ist das Leben schön.

Dicke Hummeln schwirren in der Luft.
Glockenblumen verbreiten süßen Duft.
Bunte Schmetterlinge flattern schnelle
von Blüte zu Blüte zur nächsten Futterstelle.
Eine Amsel singt hoch oben im Baum
heute ist Urlaub, nicht nur ein Traum.

Dort schwimmt eine Entenfamilie auf dem See,
die Kleinen recken ihre Schwänzchen in die Höh.
Das Wasser plätschert, dort fliegt eine Libelle,
du gehst hinein und schwimmst ganz schnelle.
Das kühle Nass tut gut, wie wahr.
Du fühlst dich einfach wunderbar.

Herbst ist's

Jedes Jahr um dieselbe Jahreszeit,
ist es im Herbst mal wieder so weit.
Buntgefärbte Blätter taumeln von den Bäumen herunter
und färben die Wiesen und Wege immer bunter.
Wenn wir fahr'n mit unserm Auto auf den Straßen
tanzen bunte Blätter ganz ruhig und gelassen.

Der Herbst lässt die Bäume jetzt nicht mehr in Ruh
und später toben noch Stürme dazu.
Er rüttelt und schüttelt sie immerzu;
er zaust und er zerrt sie immer wieder
bis gefallen das letzte Blatt danieder.
Dann steigen die Drachen am Himmel wieder.

Unverhüllt stehen die Bäume fast nackt und kahl,
Herbst ist es nun wieder mal.
Frühmorgens steigen dicke Nebelschwaden auf
und der Herbst nimmt langsam seinen Lauf.
Und wenn peitscht der Regen danieder,
dann ist es Herbst, mal wieder.

Kindheitserinnerungen

Ich war noch Kind und gar nicht groß,
sprach man zu mir:
»Der Ernst des Lebens geht bald los.«
Doch unbekümmert, viel zu klein,
ging das nicht in mein Köpfchen rein.
So nahm ich meiner Mutter Hand,
bin lachend nebenher gerannt.
Als Kinder spielten wir und tollten rum.
Tagtäglich brachten wir die Zeit herum.
So unbekümmert Tag für Tag.
So froh und heiter wie man's mag.
Wie sorgenfrei war diese Zeit,
heut' ist sie lang Vergangenheit.

Geburt im Winter

Im kalten Winter war's gescheh'n
am End, da konnt sie nicht mehr geh'n.
Ihr Bauch, der war so groß und schwer,
da half kein Stock und gar nichts mehr.
Man fuhr sie in die Klinik rein
ein Kind ward bald ihr eigen sein.

Sie wachte auf um Mitternacht.
Das Wunder, das ward bald vollbracht.
Sie spürte ihre erste Wehe
und wollte, dass es nun geschehe.
Ihr Atem, der fast nicht mehr ging,
ein neues Leben daran hing.

Ihr Schreien, das ward laut und schriller.
Dafür die Ärzte wachten immer stiller.
Ihr Unterleib, der wollt zerbersten
in hundert Stücke nur zum Ersten.
Und immer öfters bäumte sie sich auf
und starrte kurz zur großen Wanduhr rauf.

Fortan sie zählte die Sekunden,
die mit reißenden Schmerzen verbunden.
Die Frucht des Wonnemonats Mai,
die musst heraus mit viel Geschrei.
Mutter Natur nie etwas hält
im Februar erblickte er das Licht der Welt.

Ein neues Leben beginnt

Ein lauter Schrei durchs Zimmer schellt.
Ein Kind erblickt das Licht der Welt.
Es ist ganz hilflos und ganz nackt,
da wird es auch schon angepackt.
Der Arzt durchtrennt die Nabelschnur
und schon beginnt das Leben pur.

Die Mutter hält's zum ersten Mal in ihrem Arm
Das kleine Wunder ist ganz warm.
Noch ganz zerknittert sieht es aus,
es schläft und sieht ganz friedlich aus.
Sie dacht' es wird ein Mädchen immer,
nun ist's ein Bub, sie stört es nimmer.

Dies ist jetzt alles Nebensache.
Das Kind es ist gesund, ich lache.
Es wird gemessen und gewogen
und später wird es angezogen.
Und auch sein Name darf nicht fehlen
und langsam beginne ich zu wählen.

Dies Tag für Tag auf unserm Erdenball geschieht,
ein neuer Mensch zum Himmel sieht.
Und je Minute und Sekunde
vergrößert sich die Menschenrunde.
ein Leben kommt, ein Leben geht,
so dass der Mensch stets fortbesteht.

Jana Behm

Renate Bösel

Renate Bösel wurde in Ribnitz/Damgarten 1943 geboren. Die in Berlin wohnhafte Autorin ist Bibliothekarin und psychologische Lebensberaterin.

Leben ist nur ein wandelnd Schattenbild. Gedichte zur Literatur (7)

»Worte sind Bilder.
Du siehst, was du hörst.
Du siehst, was du liest.«

1
Beim Lesen der Ballade
»Der Zauberlehrling«
von Johann Wolfgang von Goethe

So außer Kontrolle gerieten
die großen gefährlichen Mächte,
die wir, den Kindern gleich,
ahnungslos zu uns gerufen,
dass sie uns nun unabwendbar
dem tödlichen Abgrund zutreiben.

Trotz später, verleugneter Einsicht
blieben wir kindisch verstockt,
blind für die unübersehbare
Flammenschrift, taub jeder Warnung.
Die alles bezwingende Gier
ist eine mächtige Göttin.

Wir werden bezahlen mit allem,
was wir haben und sind.
Es eilt kein beschwörender Magier herbei,
uns zu retten.

2
Beim Lesen des Romans
»Aurélien«
von Aragon

Einsam wie Gott und wie er
ganz unerreichbar, von manchen
verzehrend gewünscht und von andern
verzweifelt dem Wahnsinn geopfert:
DAS ABSOLUTE – es ist
vom Menschen so weit entfernt
und so nah wie der Himmel.

3
Beim Lesen der Erzählung
»Verstehen Sie mich bitte recht«
von Claudio Magris

Alles erwarten die Menschen
von jenem Ort oder Zustand,
der hinter der Welt ist.

Jeder wird ihn erfahren
zu seiner Stunde, und jeder
erwartet heimlich das Höchste.

Niemand hält ihn für sinnlos.
Doch statisch, bedeutungslos, grau
vergeht hier die zeitlose Zeit.

Das darf dir nie jemand sagen.
Die Illusionen vergehen
langsam und schmerzhaft zuletzt.

Doch vielleicht wirst du anderes sehen
als der Vergeblichkeit Schatten,
der mir hier begegnet.

4
Beim Lesen des Reisebildes
»Die Nordsee«
von Heinrich Heine

Wütend schlägt nach dem Strand
die weitaufrauschende Woge
und reißt des Ufers Gestein
mit lauter Gebärde zurück.

Des Himmels steinernes Grau
erstickt dir reglos die Hoffnung,
und der Möwenschrei springt dich an
und weissagt das Ende der Welt.

Wikingerzeit. Noch im Traum
verfolgen dich wilde Gestalten,
erbarmungslos wie das Meer,
das jetzt alles Schutzlose fängt.

5
Beim Lesen des Gedichts
»Du lächeltest, um nicht zu weinen«
von Hans Arp

Der Tag, der dir und mir gegeben war,
neigt sich dem Abend zu, und Dämmerung,
sein erster Bote, wirft verwirrt ihr Haar
aus dunklem Schweigen über unser Lachen.
Noch leuchtet Tageslicht, uns zu bewachen,
doch trügt sein letzter Schein. Erinnerung
wird sein, was bleibt. Mein Dank wird dich umgeben.
Ein Traum der Einsamkeit ist unser Leben.

6
Beim Lesen des Romans
»Auf der anderen Seite der Welt«
von Dieter Forte

Ein Zauberer schüttelt die Gegenwart
in seinen Ärmel und zieht
Vergangenheit daraus hervor.
Sie wandelt sich in Vergessen,
löst lautlos und spurlos sich auf,
ins Nichts –
in der Zeit eines Herzschlags.

Dein Herzschlag war es, doch niemand
weiß jetzt mehr, dass es dich gab.
Als wäre sie niemals gewesen,
versank die dich spiegelnde Welt
ins Bodenlose der Zeit –
mit deinem Herzschlag.

7
Beim Lesen einer Köpenicker Sage

Du wirst deine Hütte verlassen,
ein Kobold raubt dir die Ruh,
zerbricht deine Schüsseln und Tassen,
versteckt dir täglich die Schuh,
zerreißt deine Kleider und zieht dich am Haar.
Er ärgert und peinigt dich jetzt schon zwei Jahr.

Du gehst heimlich und lässt ihn zurück.
Mag er andere plagen, das Glück
kannst du auch anderswo finden.
Es lässt sich nicht halten und binden.

Noch einmal gehst du zum Brunnen.
Der Abschied fällt trotzdem dir schwer.
Auf dem Rand sitzt der Kobold, du sahst ihn noch nie.
Er müht sich um etwas. Zur Melodie,
die leise er summt, wringt er Wäsche aus.
Er singt: »Wir ziehn in ein anderes Haus! –
Wir ziehen in ein andres Haus,
ich wasche meine Lümpchen aus.«

Verwirrt stehst du still und verstehst,
dass du nicht ohne ihn gehst.
Ein Kobold ist nicht zu vertreiben.
Beharrlich wird er bei dir bleiben.
Denn du bist sein Herr und sein Leben.
Durch dich nur kann es ihn geben.

8
Beim Lesen des Volksbuches
»Till Eulenspiegel«

Gemieden, gefürchtet, verlacht
und von der Dummheit bewacht
wirft Weisheit im Narrengewand
lachend und unerkannt
dem Volk ihre Schätze entgegen.

Sie weiß es seit je: Spott und Hohn
sind immer ihr einziger Lohn,
denn Wahrheit kommt niemals gelegen.

9
Beim Lesen der »Metamorphosen«
des Ovid

Erkenntnis der eigenen Grenzen
ist aller Weisheit Beginn.
Aber Phaeton ist jung
und voller Torheit.

Sein kindlicher Leichtsinn erzwingt,
die Sonnenpferde zu lenken,
die Stolzen, die nur ihrem Herren,
seiner Macht, seiner Liebe vertrauen.

Unbeachtet von ihnen
taumelt Phaeton im Wagen,
jählings nach oben gerissen,
nach unten geschleudert, dahin,
ohne Gesetz, ohne Ziel
zwischen Himmel und Erde.

Tief unter sich sieht der Mond
der Sonne zerstörendes Toben:
Die Erde berührend entflammen
die Wälder, es kochen die Flüsse,
Meere verdampfen und Städte
werden zu Asche und Glut.
Das Leben erstirbt, und die Erde
reißt auf, es erblicken die Toten
gleißendes Licht; bis zu ihnen
dringt der Verbrennenden Qual.

Schließlich hüllt qualmender Rauch
all das Entsetzliche ein.
Verwüstung und Chaos halten
die Welt in den Armen.

Endlich besinnt sich jetzt Zeus: Vom Blitze getroffen
stürzt Phaeton brennend vom Sonnenwagen herab.
Lange umhüllt noch das Dunkel die trauernde Erde,
bis mit dem Leben das Licht, zögernd zuerst, ihr zurückkehrt.

10
*Beim Lesen der Briefe, die Lessing nach dem Tod seines Sohnes und seiner Frau
an den Freund Eschenburg schrieb*

Bleiernes Grau. Die Zahl
der träge fallenden Stunden.
Schwere. Erloschenes Licht.
Vergeblichkeit und Vergessen.
November. Dein dunkles Lied
NICHT SEIN NICHTSEIN DER NEBEL
ist ein mich lockendes Netz,
ein lähmender Zauber.

Nie schien der Tod mir so nahe zu sein.
Als wär er das Leben.

11
*Beim Lesen des Romans
»Abbitte«
von Ian McBean*

Wenn ich einst tot bin, wirst du mir verzeihen.
Dein großes Herz wird ruhig sich ergeben.
In deinem Denken kann ich weiterleben.
Ich werde in dir aufgehoben sein,
so lang du lebst. Denn du wirst mir verzeihen.

12
*Beim Lesen des Romans
»Morgen und Abend«
von Jon Fosse*

Schlafes Bruder, vertrauend
auf deine mir offenen Arme
verlass ich der Mühen Heimat.

Wenn du mich rufst in dein Licht,
kehr ich nach Hause zurück.

13
*Beim Lesen des Buches
»Eine Geschichte des Lesens«
von Alberto Manguel*

Lesen ist Glück, denn das Buch
spannt einen Raum um dich aus –
unbetretbar, die Stille
zieht eine Grenze zur Welt.
Frei bist du und unerreichbar,
nah und doch fern.

Bücher sind Zuflucht und Weg,
Lehrer und Freund, sie sind Schlüssel
zu deinem eigenen Herzen
und zu verlorenem Grund.

Als ich ein Stein war. Erinnerungen des Merlin

»Ich war ein schmales, verzaubertes Schwert ...
ich war ein Regentropfen in der Luft, ich war der Sterne Strahl;
ich war ein Wort aus Buchstaben, ich war ursprünglich ein Buch;
ich war Laternen voll Licht, ein Jahr und ein halbes Jahr lang;
ich war eine Brücke, die sich über sechzig Flussmündungen spannte;
ich war ein Pfad, ich war ein Adler, ich war ein Boot auf den Meeren ...«
(Book of Talisien, 13. Jahrhundert)

1
Als ich ein Stein war

Ich war ein Stein am Meer
unter dem hohen Himmel.
Über mir flogen die Vögel.
Ich lag auf dem Sand.
Manchmal kam eine Welle.
Oder der Regen fiel.
Der Sturm flog über mich hin.
Doch das war außen.

Ich war voller Gleichmut und Schwere.

2
Als ich eine Blume war

Ich war eine kleine Blume,
ein Sinnbild der Liebe, des Lebens.
Ein tiefblaues Zeichen.

Ohne Widerstand, weich und verletzlich,
voller Vertrauen, die Sonne
durchdrang mich mit Glück.

Flüchtige Schönheit und Duft,
umgeben von leuchtender Luft
war ich eine blaue Blume
im verborgenem Zentrum der Welt.

3
Als ich ein Baum war

Ich war ein Baum, Teil der Erde.
Aus dunkler Tiefe wuchs ich
dem Lichte entgegen. Nach oben.

Ich spannte den Raum aus. Ich war
Wille und Schweigen, Geduld.
Aus meinem Laub sprach im Wind
die Stimme der Zukunft.

Immer spielten die Jungen
und liebten sich in meinem Schatten –
als ich ein Baum war.

4
Als ich ein Vogel war

Leicht lag ich auf dem Wind
in Freiheit und Sorglosigkeit,
als ich ein Vogel war
zwischen Himmel und Erde.

Schwerelos, zeitlos – die Wärme,
Kälte, das wechselnde Licht,
Dunkelheit, Regen, die mühsame
Aufzucht der Jungen.

Arglos und unbekümmert,
grenzenlos schien mir die Welt,
als ich ein Vogel war
zwischen Himmel und Erde.

5
Als ich ein Gedanke war

Es ist der Geist, der alles erschafft.
Er ist die nicht sichtbare mächtige Kraft,
die Ursache hinter der Welt,
die alles am Leben erhält.

Ich war ein Gedanke und frei.
Nur Körper kann man begrenzen.
Ich war ein Gedanke, verwandelt
hab ich unmerklich die Welt.

6
Als ich ein Wort war

Ich war ein unbedachtes Wort,
gedankenlos gesprochen.
Ich fand ein Herz am dunklen Ort
und habe es gebrochen.

Ich lernte, dass ich mächtig war.
Das Glück, es hängt an einem Haar.

7
Als ich ein Licht war

Ich war ein Licht in der Nacht,
Sicherheit, Hoffnung und Trost,
ein richtungsweisendes Zeichen
den Irrenden allen.

Doch ich erlosch, und das Dunkel
nahm triumphierend zurück,
was ihm entglitten. Im Streit
zwischen dem Licht und der Nacht
erfüllt sich das Leben; beständig
ist nur der Wechsel.

Ich war ein Licht in der Nacht.
Zuversicht, Hoffnung und Mut
fand jeder, der mir vertraute,
in meinem Schein.

8
Als ich ein Lied war

Ich war ein Lied voller Liebe.
In der Dämmerung über dem Tal
stieg ich zum Himmel.

Rein war mein Klang in der Luft.
Die Vögel lauschten betört
dem Ton meiner Hoffnung.

Ich war ein Lied voller Glauben
an die Liebste, die Schönheit der Welt.
Ein Lufthauch spielte unmerklich
mit dem Gesang.

9
Als ich ein Ring war

Ich war ein Ring und unendlich –
kein Anfang, kein Ende, nur Ewigkeit.
Ich war ein Zeichen der Treue,
doch ich zerbrach an der Zeit.

Die Ewigkeit lebt in der Welt,
doch ihre Formen vergehen.
Vollkommen sind nur die Ideen.
Sie werden immer bestehen.

10
Als ich ein Spiegel war

Ich fing das Licht ein und mit ihm
das, was sich vor mir befand,
als ich ein Spiegel war
in des Raumes Tiefe.

Vieles Verborgene sah ich,
schweigend und nachsichtig. Kalt
war ich ein geschliffener Spiegel.
Magie in verhüllter Gestalt.

11
Als ich ein Tor war

Ich war ein geschlossenes Tor,
Abweisung, Härte und Schweigen,
endgültig fast wie der Tod.
Ausschluss und Ende.

Ich wurde niemals geöffnet.
Vergebens stand mancher davor,
erbittert und ratlos, verzweifelt.

Ich war ein geschlossenes Tor.

12
Als ich ein See war

Als ich ein See war, war ich
des Himmels Spiegel, die Sonne
brach tausendfältig ihr Feuer
in meinem Wasser. Geschmückt
mit glitzerndem Licht und dem Dunkel
der Tiefe war meine Schönheit
still und vollkommen. Heimat
war ich den Fischen und Pflanzen,
zahllosem kleinen Getier.
An meinem Ufer wuchs Schilf.
Alles atmete Frieden,
Einklang der Welt mit sich selbst –

als ich ein See war im Licht
und in der Dunkelheit Schweigen.

13
Als ich ein Kind war

Einst war ich ein Kind, und ich wusste,
wie ein Vogel sich fühlt und ein Stein,
wie es ist, ein Gedanke zu sein
und ein Licht in der finsteren Nacht.

In mir war die flüchtige Weisheit
des Kindes, doch hielt ich sie fest.
Als Zauberer sah ich, es lässt
sich anderes denken und sehen,
als die Erwachsenen verstehen.

So fand ich verborgene Wege
und lernte es, tiefer zu gehen.
Als ich ein Kind war, begann ich,
in allem das Wunder zu sehen.

Volker Brychs

Im Jahr 1971 in Neheim-Hüsten geboren. In Müschede, Sundern und Bad Godesberg zur Schule gegangen. Erste Versuche des Schreibens während der Schulzeit waren erfolglos. 2006 am Arnsberger Kunstsommer in der Rubik »Kurze Geschichten« teilgenommen.

Monatsende

Die Kunst, schwarzer Humor,
deren Abwandlungen voller Tumore
des Volkes unverkrampfter Sichtweise
und keiner hat etwas bemerkt!
Der Kunst Werke im Raum,
künstliche Kritik in Wallungen,
der Kunst Verständnis in Trümmern
und wer hat sich hier ausgekotzt?
Kunst voller Geschichten,
in der Geschichte Objekte der Begierde,
der Kunst Sammlungen erhängt
und ohne Trauer zu Grabe getragen.
Dieser Kunst weiße Stellen,
überhöhte Summen allerorten,
sortenreine Kunst im Hinterzimmer
und wer meckert da hinten herum?
Kunst ohne Verlangen,
formende Kunst auf Abwegen,
verschätzte Ansichten markieren
und die Weiblichkeit kommt.
Künstliche Intelligenz verrostet,
nimmer satte Kunst am Horizont,
entwendete Kunst ergreifend
und der nächste Künstler wartet schon!

Perlen im Sand

Stechende Uhren bringen Sandkörner,
brennendes Flackern unterhaltend einschreitet,
sandige Burgen umrahmen derer zu viele,
sprechende Uhrwerke dienen als Vorratskammern
und der Husten bekommt Gesellschaft.
Der Sonnenuntergänge zu viele Schmerzen bringt,
ungewollte Ansichten bringen unbrauchbares Wissen,
nie gestellte Fragen beantwortet von innen,
zerbrochene Krüge behalten den Überblick
und der Herbst fängt zu weinen an.
Tragende Zuhälter zerfallen voller Ehrfurcht,
werdende Mörder verstrahlen in holder Zweisamkeit,
Eidbrecher umringen eifrig die innere Leere,
Wasserträger unerlaubte Gesänge wegkippen
und der Morgen bekommt kaum
noch Pausen beim Lachen.
Noch einmal in diese Augen schauen dürfen,
diese Melodie von Stimme, die Ohren streichelt,
flüchtige Berührungen zur Einladung führen,
gestotterte Antworten wohlwollendes Gelächter bringen
und die Zeit gnadenlos weiter zieht, vorbei!
Kann das Glück nicht beständiger sein auf der Welt,
damit nicht immer die Träume herhalten müssen,
zerschundene Seelen endlich Entspannung kriegen
oder habe ich schon wieder die Abfahrt verpasst?

Wind-Wechsel

Drei Spalten im Bunde füllen sich,
ob ein Wille dahinter steht oder nicht,
ohne Aussage bleibt dies sowieso,
Blicke über das Land wandern
und das Knistern des Feuers flüstert.
Kommt ruhig näher, ihr Gedanken,
aufschreiben will so mancher euch gerne,
vergessene Aussichten sollen so erblühen,
ungesagte Visionen diese Welt erblicken
und sich viele ihre Eltern nennen!
Geflügelte Einhörner Pate stehen,
Trolle sich vor Freude singend bedanken,
Kobolde neue Magie ersinnen können
und verbohrte Einbildungen verschwinden.
Drehende Schelme vollbringen jenes Glück,
an das sich kaum einer noch erinnert,
doch immer hier gewesen ist
und nun sich endlich anschickt,
versonnen sich zu vermehren.
Dem Flüstern der Schatten folgend,
nichts muss sein, wie die Fantasie will,
Unzulänglichkeit ihren Platz einnimmt,
Eisvögel noch schneller bestimmen,
wohin ihre Gedanken fliegen sollen.
Robotergarden liebäugeln mit Mondphasen,
deren grünes Leuchten betörend ist,
Vagabunden des Weltalls verweilen lässt
und Ursprünge somit zu Akten gelegt sind.
Wie viele wir ein waren,
in grauer Vorzeit zu viele nutzlos vergingen,
ist jetzt nicht mehr wichtig,
denn siehe, dort kommen lachend daher.
Das Weiterziehen bekommt so Leichtigkeit,
getragen von unzähligen Augenblicken,
deren Aufgabe nur darin besteht,
jeden Schritt so leicht wie möglich zu machen.

Einige Mantikore begleiten diesen Zug,
wollen mit eigenen Sinnen erleben,
was hinter jenem Horizonte der Vernebelung liegt,
von dem ihnen nur Schreckliches berichtet wurde.
Mit Puder bedeckte, gehörnte Leiber,
diese nie beschriebenen Glücksbringer,
unterhalten alle mit Geschichten einer Zeit,
die noch vor uns liegen wird!
Der Morgendämmerung ist es zu verdanken,
dass der Hindernisse Schwere verfliegt,
Sonnenstrahlen ermunternd umhergehen
und geschundene Leiber sich erholen.
Blässhühner es verbreiten mit dem Wind,
Kampfläufer sich der Abbildungen bemächtigen,
Dohlen sich als Naturführer bewähren
und Kormorane mit all dem nicht nach kommen.
Helle und dunkle Elfen erblickt werden,
auf diese Weise Ansichten abrunden,
einigen Gerüchten so den Boden entziehen
und ihre Geschichte kund tun können.
Doch sagt an, ihr lustige Gesellenschar,
lasst die Instrumente erklingen,
welche Einsicht muss geändert werden,
damit nicht aller Tage Abend wird
und wir noch lange etwas von solchen Momenten,
in denen alles in Bewegung sich verläuft,
haben werden, dessen wir berichten nicht können.
Der COOL ART, diesem allgegenwärtigen Wesen,
müssen wir noch Lobesgesänge dichten,
damit der Frostmaiden sich seiner erinnern
und so weitere schöne Dinge benennen,
deren Gegenwart eine Bereicherung sein wird.
Doch hört der Schleiereulen Gesang,
leise nur vorgetragen der Absicht wegen,
geschlossene Augen dadurch mehr sehen,
bereinigte Sinne ausbreiten können
und Abgesänge nicht mehr vorkommen.

Die Zartheit dieser Hand erschreckt mich,
mit offenen Augen zu träumen hat Nachteile,
der Blick aus diesen Augen lässt mich frösteln,
ihr Atem birgt eine Sehnsucht in sich,
welche ich nicht im Stande bin zu stillen
und doch zieht sie mich zu sich!

Sabahate Byci

Sabahate Byci ist am 17.07.1958 in Gjakove/Kosovo geboren. Künstlerisch als Poetin, Schauspielerin und Malerin tätig, flüchtete sie 1992 mit ihrem damals zehnjährigen Sohn Korab vor serbischer Verfolgung und Genozid nach Deutschland. Seit 1997 veröffentlicht sie gelegentlich in deutschen Zeitungen Gedichte. 2009 erschien mit »Lilien von Gjakove« ihr erstes Buch und 2010 »Die Minuten des Wartens«. Mit »Troyani« ist eine weitere Veröffentlichung geplant. 2011 gewann sie den ersten Preis des Kulturwettbewerbs der Insel Salamis.

»MAN NIMMT MEINE POESIE SO WIE SIE IST – ODER MEINE POESIE IST SO, WIE MAN SIE NIMMT.«

Du kannst der sein, der niemals war!

Schau mal –
du kannst
in meine Träume
kommen
und mich
an die Hand
nehmen,
und durch
den Glanz
meines ersten
Schlafes
spazieren gehen!
Du kannst
auch der sein,
der, der niemals war,
der mir
eine gelbe Rose
schenkte.

Genau dann
wenn ich vollkommen
in die feuchten
Nebel der Liebe
reinfalle,
da, wo meine Lippen
mit des Frühlings
Regentröpfchen
benetzt werden!
Und wenn du
auch willst –
du kannst
mein Prinz sein,
der die verschlafene,
blinde
Einsamkeit der Iris
mit unerwarteten Küssen
überrascht.

Mein R. ist M.

Ich wollte
ein poetisches
Gedicht schreiben.
Ich wollte
nur zwei, drei
Worte sagen
Ich wollte
bei dir,
bei dir einmal
sein
Ich wollte
dich küssen
weil du bist
auch mein!

Verbotene Sehnsucht!

Das Übersteigen,
über unsere Schatten
darf keine Wette sein.
Sowieso, es ist zu schwer
für uns mit dem
Unmöglichen,
möglichst
mühevoll
Pakt zu schließen,
unabhängig davon,
dass wir denken,
dass es zu leicht ist
– der verbotene Wille
– auch dann
wenn wir nur
noch hoch und runter
steigen würden
mit dem Wunsch
– den Sonnenschein
anzufassen – die Freiheit
bei der »Mollakuqe«
– Rote Äpfel
– Verbotene Sehnsucht
des mehr als
tausendjährigen
Stammbaums,
wo die Adler/»Shqiponjat«
nach den weitfliegenden Wegen
auf ihren Territorien
immer ausruhen!

Immer wieder ...
Für Herrn G. Grass

Immer wieder Frühling,
Sommer, Herbst und Winter
Immer wieder Auferstehung
Jesu, Ostern, Pfingsten,
Weihnachten.
Immer wieder Tornados,
Überschwemmungen,
Kriege und Geburten,
mein Freund.
Dann schon meine
Gedanken
deine und seine
muslimisch, evangelisch, buddhistisch
katholisch, jüdisch.
1 x »sagen-muss«
Schatztruhe
des Schweigens.
Schweigepflicht,
die den Mund halten soll
obwohl im Garten
des Gegenwartens
Regenbogen – der Sieg wird
und die Zukunft
die Menschheit wieder
feiern lässt.
Meine Augen tränen –
mit dir bin ich
wenn es
»gesagt werden muss«
Mein Freund:
– Endlich versteht uns
die Menschheit
weil – die mag ich doch –
und schon lange bitte
um Vergebung
aber die Atmung

mit der Wiederholung
dauernde Wiederholung
der Geschichte
mit dem Faksimile
des Verlustes
schenkt uns wieder
und wieder
die Vergangenheit
die Wiederholung
des schon lange
»Nicht Mehr Da Seins«
»Mein Freund«
sagen wir denen
wir waren und
sind nicht mehr die
die damals
doch nicht
gleich alle waren!
Die Zeit nimmt uns mit.
Genug mit der Spondylose
der Vergangenheit
Freiheit für Expiration
und Re-Inspiration der Zukunft
auf evangelisch, jüdisch,
muslimisch, buddhistisch
und aller Art des Glaubens
Mensch-Molekül für Molekül,
Atom für Atom –
× ich, × du, × alle Lebewesen
× sie(h) es, (h)er bitte
verzeih uns, denn
»viele wissen nicht, was sie tun!«

Marco De Luise

Marco De Luise wurde am 12. Juli 1975 in Hamburg geboren und verbrachte seine Kindheit im dortigen Fuhlsbüttel, bei Soltau sowie in Praiano, Italien. Nach Abitur und Zivildienst Studium der Rechtswissenschaften und Aufenthalt in Sydney, Australien. Nach dem zweiten Staatsexamen Tätigkeit als Rechtsanwalt in Hamburg. Neben dem Verarbeiten seiner vielfältigen Erfahrungen in Gedichten gehört seine Leidenschaft dem Klavierspielen.

»Manchmal fließen die Worte wie von selber aus der Feder, Worte, von denen ich selber kaum glauben kann, dass sie von mir sind.«

An Bunkerwänden

Angelehnt,
kann das Leben modelliert werden
wie auf fernen Reisen zu dir selbst,
wenn auf Kormoranflügeln
der Wind der Liebe kommt,
wenn Tatendrang und weite Blicke tanzen,
Sonnenräder sich golden drehen,
eine Skyline blau umrandet wird
und rosa Licht die Augen küsst
Dann kommt die Erinnerung,
wieder an Zeiten,
die noch kommen!

Offene Herzen

Wie Kelche
so weit nach oben
so hoch
Rot,
wie das Blut,
Wein der Liebe,
öffne ich das Herz
zum Herz
Trink in vollen Zügen reines Sein
Wie soll ich dich halten
fest umgriffen
Wie soll ich dich schmecken
mit all meiner Seele
So wirst du mein Retter der Liebe sein

Musik

Und da stehst du
du schaust in die Welt
mit weit ausgebreiteten Armen
Ein frischer, fast kalter Wind
weckt die Sehnsucht nach dieser einen Melodie,
die deine Schritte tanzen lässt,
die alles leichter macht,
wenn dein Blick die Weite sucht,
finden süße Klänge dein Ohr!

Jedes Sein

Als das Leben rückwärts lief,
schnell flog es davon,
niemals ruhig, immer erfolgreich,
ein Glanz ohne Gnade
Blütenreich
Unerkannt im Licht der würdevollen Pflicht
Ohne näheres Sein ist deine Liebe
Glücklos
Deine Liebe freudlos,
ein Leben ohne Sinn,
ein Sinn ohne Sein
Vertraue der Welt in dir
Kämpfe um Liebe jeden Tag,
so schließt sich jedes Sein

Mein Kuss

Tausendfacher Mut,
wenn du mich küsst
deine Liebe bemisst
Ist es Feuer oder Glut?
Tausendfache Lust,
wenn Du mich hältst,
fest und wie für immer
Ist es Abend oder Tag?
Tausendfache Nächte
In deinem Schlaf wach ich gerne auf
In deinem Herzen liege ich gerne warm
und tausendfacher war mein Kuss

Die Zeit

Unsere Zeit ist schneller als jeder Gedanke,
gefasst voller Sehnsucht nach Liebe und Leben
Lebe jeden Tag,
verstelle dich nicht,
wachse mit dir,
im Hoffen,
im Sein,
du allein kannst mit dir glücklich sein,
kannst dich begreifen, dich erkennen,
kannst Liebe schmelzen und Leben,
halte fest nur für dich
um es auf ewig mit uns zu teilen

Die Wende

Allumdrehend, allumwendende
Immer sich selbst wiederkehrende Suche
Im Hier und Jetzt
Sein
Wie nie zuvor warst du da
edel und gut
sanft und hart
Wandelumwogen
Nimmersatt
Ewigwährend
Unerschlossen
Unerreicht
Erkannt im Nebel sich selbst
Findender Schwaden so kommst du
So gehst du
So bleibst du für immer
So will ich dich haben
Und ewig gewinnen

Die Räder des Lebens

Atemlos, zeitlos,
drehen sich die Räder des Lebens
Schnell, unverkannt wie glühende Funken
Im weiten Raum tausendfache Liebe
Will sie bremsen,
will alles halten im warmen Arm
Du denkst, es wär nicht so einfach,
so schwebend zu gehen,
sich verneigend zu ergeben,
um sich immer schneller zu drehen …
Du denkst, es wär nicht so einfach,
sich still zu verzeihen,
sich ehrlich zu lieben,
und niemals zu verstellen …
Atemlos, zeitlos,
fahr mit uns beiden sanft in den Tag!

Die Stunde der Herzen

Die Stunde der Herzen schlug
So war der Tag
Hell und gut
Wir lebten in Gottes Gnade
Den schönsten Tag des Lebens
Den längsten Tag der Welt
Die Nacht kam leise auf sanften Sohlen
Still und bestimmt
Da kamen tausend Bilder auf
Des Tages Zauber wirkte fort
Und mit einem Lächeln wurde aus zwei Seelen
Ein ganzes Herz

Die Liebespiraten

Sich treiben lassen im Wirbelwind des Lebens,
durch furchenreiche Felder
Liebesgesäte Gärten,
ein Auf und Ab im ständigen Lauf der Welt,
fest verbunden mit Dir,
treuvoll umsorgt,
anschmiegend geliebt sein
im Strudel der Nacht,
wenn Möwen kreischen,
fahren wir los
und entern das Leben

Der Kuss

Über die Spitzen der Berge, da hebe ich dich herüber
Um mit dir zu fliegen
Eng umschlungen halte ich dich
Fest im Arm
Ich küsse deinen Mund
Weich wie Samt, rund
Wir fliegen weit
Lächeln uns immer wieder an
Immer wieder
Ein Bund umweht uns
Das innere Band, fest
Es wärmt, schützt und
Zwei Münder sind noch näher,
Mitten im Kuss

Ludwig Engstler-Barocco

Geboren wurde ich 1937 in München, wo ich auch zur Schule ging und Jura studierte. Nach Bestehen beider Staatsexamen und nach der Promotion trat ich 1967 in den Bonner Ministerialdienst ein, dem ich bis zum Ruhestand angehörte. 1969 Heirat, 1972 Geburt unserer Tochter. Auf Reisen in Westeuropa, Nordafrika und Lateinamerika bildete sich ein reicher Fundus an Eindrücken und Erlebnissen, die in unzähligen Tagebuchnotizen und in dem Manuskript »Die Sirenen von Peru. Empfindsame Reise im Reich der Inka« ihren Niederschlag fanden. Zum Schreiben, das mich von jung auf begeisterte, trat in späteren Jahren das Zeichnen. 2006 Umzug aus Uthweiler, einem Dorf am Siebengebirge, nach Bonn am Rhein.

Regen in Blankenberge

Grau in Grau: das Meer
kaum zu unterscheiden vom Himmel.
Parapluies auf der Promenade,
und kein unternehmungslustiger Radler
auf den Planken des »Lustigen
Velodroms« (gegründet im Jahr
von Hitlers Machtergreifung). Grau in Grau,
und das Weinrot im Glas auf dem Tisch
vor dem Seefenster neigt sich dem Ende zu.
Zeit, auszugehen und mir einen Topf mit
dampfenden Muscheln servieren zu lassen
im »Gasthaus zum Möwenfreund«.

17. Juni 2011

Der verzweifelte Dichter

Es ist so viel ziellose Kraft in ihm, die sich
im Kreis dreht wie der Rilke'sche schwarze Panther.

Nichts anderes vermag er zu Papier zu bringen als chaotisch
Hingeworfenes, Ungegliedertes, Bizarres, das den Felsen
an der bretonischen Küste ähnelt, Fetzen eines Gesangs nur, gleich
Brocken von dem Brot, das vor der Hauptmahlzeit gereicht wird
und das doch nicht einmal den ersten Hunger stillt, gleich einem
Schluck vin d'ordinaire …

Schlechte Reklame

Eine verlassene Marquise (mit qu)
sitzt unter einer gelben Markise (mit k)
und nippt an nem Apricot (mit c),
den ihre Tränen verdünnen,
das Herz tut ihr weh:

Keine gelungene Akquise (mit kqu)
für Aprikosenlikör.

»EIN GEDICHT MUSS IMMER ETWAS PLATZ LASSEN
FÜR EIGENE GEDANKEN UND GEFÜHLE DES LESERS.«

Carpe diem

Ja, es gibt Stunden, Tage,
auf hellem und auf dunklem Grund,
die ganz allein dich ansprechen,
beschwörend wie ein wohlwollender
Freund auf dem Sterbebett:

Fasse mit beiden Händen
und unverzagten Mutes
ins Helle, ins Dunkle
und setze dein Zeichen
auf dies alte Segel
der Zeit. Alles hat Bestand, was
eine beherzte Menschenseele
vollbringt.

Rotterdam

Diese Stadt kommt nicht zur Ruhe.
Anstrengend: die Zukunft schon heute
bauen zu müssen. Nun ist der Zentral-
bahnhof an der Reihe. Der Stationsplein
wurde zu einer Art militärischem Sperrgebiet,
in dem futurwütige Ingenieure wehrlosen
Fußgängern das Fürchten lehren.

Also schnell die Westersingel hinunter
zum Museum Boijmans Van Beuningen,
wo auf Jan van Eycks Gemälde »Die drei Marien
am Grabe Christi« seit nunmehr fast sechshundert
Jahren die Königskerze (Verbascum thapsus)
blüht und die Eidechse über die Erde huscht,
ohne sich fortzubewegen.

17. April 2012

Düstere Assoziationen beschwörend

Ein nicht abgeerntetes Sonnenblumenfeld
im Winter ist ein schwarzbizarrer Anblick:
dunkeltraurige Gerippe mit geneigten Köpfen,
eine makabre Totenarmee, ergeben und verkohlt,
düstere Assoziationen beschwörend.

Traum als Film noir

Nachts träume ich den Traum
des Gejagten. Den Hut weit ins Gesicht,
und die verdammte Brille, die den
Himmel so düster macht. Sie kennen mich,
die Cops. Und die andern kennen mich auch,
mein Steckbrief pappt an jedem Ladenfenster.
In den Kneipen versaufen sie schon die Belohnung.

Manche Straße hinaus aus der Stadt zu den
goldgelben, windgefächelten Feldern, aus denen
die Sonne wunderbar und unbefleckt emporsteigt,
zu den tauerfrischten Gärten, in deren Blütenschoß
die Vögel geboren werden.

Doch sie lassen mich nicht durch. Keinen
lassen sie durch. Hinter den letzten Häusern, dort
wo die Freiheit beginnen könnte, warten sie, unermüdlich,
und achten nicht auf das Frieren ihrer Finger um den
kalten Abzugsbügel.

Mir bleiben nur die freudlosen Höfe, die blind wurden
von den unaufhörlichen grausamen Schatten: heimtückischer
Hinterhalt verwahrloster, sadistischer Kinder, bis zur Weißglut
gereizter schwarzer Katzen und halbverhungerter Ratten.

Treppen, deren schwanke Geländer nichts mehr halten,
krachen verächtlich und verräterisch unter meinem Tritt.
Die Häscher werden keine andere Wahl haben, wenn sie mich finden.
Wie ich keine andere Wahl hatte, keine überhaupt …

Train du soir
(Paul Delvaux, Musées royaux
des Beaux-Arts de Belgique)

Der Zug fährt ab,
hinein in die
Dunkelheit.
Ein Mädchen
im hellen Kleid
bleibt allein zurück
auf dem Perron.

Und nun stehe ich
neben ihm und unsere
Blicke treffen sich
auf dem letzen Wagen.

In der großen Bahnhofshalle

Wie viele Leben tragen sie
in diesem Moment hier zusammen:
die Ankommenden, die Abreisenden
und die Passanten.

Welch ein Buch ergäben
ihrer aller Geschichten.

Frankfurt, den 10. Oktober 2010

Musée de l'Oeuvre Notre Dame, Straßburg

Ecclesia, die siegreiche christliche Kirche
mit Krone, Kelch und Kreuzstab,
blickt hoch erhobenen Hauptes auf die
unterlegene Synagoge, die ihren Kopf
mit verbundenen Augen beschämt zur Seite
und nach unten dreht, in der Rechten die
zerbrochene Lanze und in der Linken die ihr
entgleitenden Gesetzestafeln des Alten Bundes:
um wie vieles mehr rührt mich die unvergleichliche
Schönheit der Geschlagenen an, der augenblicklich
meine Zuneigung und Liebe zuströmt.

Armchair Traveller

Habe mir in den letzten Wochen angewöhnt,
mit dem BLAUEN FÜHRER ausgedehntere
Spaziergänge durch Paris zu unternehmen.

So durchstreifte ich an einem Abend die Straßen
zwischen der Rue du Faubourg-Saint-Antoine und der Seine,
landete auf dem Friedhof von Picpus, wo sich die Gräber
von Lafayette, La Rochefoucault und Chateaubriand befinden,
passierte die riesigen, nach Wein und Öl duftenden
Lagerhallen von Berci, um schließlich im Restaurant
Le Train Bleu (welch poetischer Name – gleich dem der
Rue du Départ und der Passage du Désir) in der Gare du Lyon
einen Picon an der Bar zu trinken (die Menüs waren mir
entschieden zu teuer).

Ein andermal erging ich mich am Montparnasse.
La Rotonde (Cendrars wird als häufiger Gast erwähnt),
die Closerie des Lilas, die Gärten der Infirmerie du Marie-Thérèse ...
Nachdem ich die tristen Mauern des Santé-Gefängnisses hinter mir
gelassen habe, stehe ich plötzlich in der Villa Seurat, der
bedeutendsten Sackgasse in der neueren Literaturgeschichte ...
5. Dezember 1997

Anstoß von außen

Wenn ich mich in einen Dichter vertiefe,
löst sich mancher Gedanke im eigenen
Steinbruch und wird als meine Idee
begrüßt und wiedergegeben, deretwegen
mich keiner des Plagiats bezichtigen kann.

Duftmarke der Literatur

Oh, dieser Geruch! Immer noch verlockt er mich, geradezu magisch.
Ich spreche von dem unvergleichlichen Geruch der englischen und
amerikanischen Taschenbücher. Eben hat mir meine Tochter ihre neue
Englischlektüre ausgehändigt (Rebecca von Daphne du Maurier),
ich habe sie aufgeschlagen – und da war er plötzlich aufs Neue,
dieser herrliche Duft. Ich habe meine Nase bis auf den Grund
der Seiten gesteckt und – immer und immer wieder – tief eingeatmet.
Ich habe meine Jugend inhaliert.

Ich stand wieder in der windschiefen Holzbude in der Thalkirchnerstraße
unweit des Südfriedhofs und wühlte in den Hunderten von gebrauchten
pocket books, die die Luft mit diesem unwiderstehlichen süßlich-lasziven Duft
erfüllten, auf der Suche nach Büchern mit aufregenden Frauen auf dem Deckel,
Büchern, deren Inhalt meistens weit hinter den pubertären Erwartungen
zurückblieb: Midnight Lace von MacKinlay Kantor (No man could trust her ...
or resist her), John O'Haras The Farmers Hotel (... shocking intimacy in a lonely roadside inn),
D. H. Lawrences Lady Chatterley's Lover, Irwin Shaws The young Lions usw., usf.

Warum riechen unsere deutschen Taschenbücher nicht so? Sie riechen
überhaupt nicht. Sie leugnen ihre Abstammung von den großen Wäldern.

Einer, der den Weg in die Welt nicht fand

Oft empfindet er sich als ein totes,
ungebrauchtes und unbrauchbares Ding,
nicht verschlissen und abgegriffen
trotz all der Jahre, nicht glatt poliert oder
versehrt von menschlicher Handhabung
oder sonstigem Verschleiß, als einen
Gegenstand, den der Hersteller auf Lager
behalten hat (aus welchem Grund auch immer)
und der seit Jahrzehnten unbenutzt
im Regal verstaubt ...

Analogie

Ein Bleistift
fiel zu Boden.

Wie gut er seine
inneren Verletzungen
verbirgt.

Kommt dir das
bekannt
vor?

6. November 1987

»Ein Hundeleben«

Welch liebenswerte Lebewesen
sind doch unsere vierbeinigen Freunde.
Neben ihnen hat es sogar
Charlie Chaplin schwer, zu besteh'n.

Frischer Mut

Blitzblank und mit
geschwellter Brust
nach dem Regen:
auf zu neuen
Abenteuern.

Sehnsucht nach Zweisamkeit

Die beiden Gästehandtücher,
hellbeige und schokoladenbraun,
hingen ohne Berührung
am Zwillingshaken.

Als der trauernde Witwer
sich verabschiedet hatte,
konnte man feststellen, dass die
Handtücher sich umarmten.

Der einzige Unangepasste in der Familie

Wenn sich im Nachbargarten eine
der dreisten, feisten Katzen bewegt, die
allem mit anmaßender Kaltblütigkeit
begegnen, dann bellt er sich
die Seele aus dem Leib.

Wenn er einen Hund nicht
ausstehen kann, springt er ihm an die
Gurgel, und sei er fünfmal so groß.

Im Umgang mit Menschen
übt er nicht die vornehme Scheißzurück-
haltung, die wir uns anerzogen haben:
schwanzwedelnd stürmt er auf den
nächstbesten wildfremden Spaziergänger zu,
rackert sich an den Beinen hoch, reibt sein
Rauhaarterrierkinn hingebungsvoll
an den Knien und stöhnt vor Wollust
und mit verdrehten Augen,
wenn er gestreichelt wird.

18. September 1988

Unterwegs mit dem Cockerspaniel

Lasse ich unsere Bessie von der Leine, saust sie los wie ...
(hier fehlt mir ausnahmsweise die passende Metapher, da sie selbst
ja die beste Metapher für einen derart rasenden Start abgibt –
was ist schon ein geölter Blitz gegen sie?),
plötzlich hält sie inne und vollführt ihre senkrechten Freudenhüpfer,
die langen Ohren flattern lustig durch die Luft.
Wenn sie in dieser Gemütsverfassung durch ein Klee- oder Rübenfeld
springt und der Kopf mit den flatternden Ohren alle paar Sekunden
wo anders aus der Versenkung des Grüns emportaucht oder wenn sie
in ungehemmter Ausgelassenheit über die Wiese fetzt und
nach einer furiosen Kehrtwendung mit geballtem Karacho
auf mich zurennt wie ... na, wie der Mistral gegen den mediterranen Süden,
dann steckt mich dieser Taumel von Kraft an und ich möchte dem Hund
über Stock und Stein hinterherjagen durchs duftende Gras, durchs reife Getreide,
die Nase dicht über dem Boden, die Gerüche der Erde atmend.

Kehren wir dann nach der großen Runde ins Haus zurück,
beneide ich Bessie wieder um ihr unbeschwertes Gemüt:
mitten im Wohnzimmer streckt sie sich aus, alle Viere von sich,
und schnarcht leise und wohlig vor sich hin.

Suchanzeige – zurückgenommen

Irgendwann in meiner Jugend
(ist knapp ein halbes Jahrhundert her)
las ich in einem der Bücher, die ich immer
in großer Zahl aus dem Münchner Amerika-Haus
auf die Schwanthaler Höhe, wo wir wohnten
(in der Kazmairstraße Nummer sechs), schleppte,
ein Gedicht, an das ich mich, obgleich ich ihm
nie wieder begegnete, bis heute erinnere,
jedenfalls an ein paar Zeilen, in denen es darum ging,
dass ein Mann sich an dem Metallträger
einer Brücke (war es die Brooklyn Bridge?)
den Schädel einschlägt.

In diesen zwei oder drei Zeilen (die Worte im einzelnen
sind mir entfallen) steckte so verdammt viel Kraft,
dass ich ihren Eindruck immer mal wieder beschwöre,
wenn ich vor einem leeren Stück Papier sitze
an meinem Schreibtisch zu fortgeschrittener Stunde und dieses
rasende Gefühl kurz vor Mitternacht über mich kommt,
etwas schreiben zu müssen, einen Satz, einen einzigen Satz,
der eine ähnliche Wirkung tut, der wie ein Panther
in vollem Sprung ins Rückmark wuchtet und die
Glocken zum Läuten bringt wie am Ostersonntag ...

Wenn ihr je auf diese verschollene Stelle
stoßen solltet, dann, Freunde, lasst es mich wissen –
nein, nein, Kommando zurück, ich will es belassen, wie's ist;
manch späte Erkenntnis schon hat sich als ernüchternd erwiesen:
woran unsere Phantasie so lange gewebt, das soll man nicht
unter die kalte Dusche der Fakten stellen.

Ich sehe was, was du nicht siehst

Die Klimaforscher beschwören uns:
»Haltet inne mit dem Verbrauch von Kohle, Öl und Gas!
Seht doch: Es steigt die Durchschnittstemperatur!
Die Gletscher verabschieden sich, der glaziale Panzer
auf Grönland schmilzt, der Nordpol: immer mehr
vom Eise befreit. Der Meeresspiegel steigt, Küstenstädte
wie Hamburg, New York und Shanghai geraten in Not.
Es drohen Dürren und Überschwemmungen,
Hungersnöte und Völkerwanderungen ...«

Doch wir sehen nichts, keine Bedrohung
vermögen wir mit unseren Augen auszumachen.
Auch mit dem Herzen (laut Saint-Ex unser besseres
Sehorgan) können wir nichts entdecken außer dem
Eisbären, dem eine Scholle verloren ging ...
Drum werden wir weitermachen wie bisher.

Schöner Tod

Wäre das nicht ein schöner Tod:
Eingenickt an einem warmen, ruhig auch heißen
Sommernachmittag auf einer Terrasse mit Blick gen
Süden (oder auch Südwesten), im Schatten der Markise,
das Meer in Sichtweite (oder auch nicht), auf der
marmornen Tischplatte ein zu Vierfünftel geleertes Glas
mit Rotwein neben dem aufgeschlagenen Notizheft mit
dem grünen Bleistift im Falz, auf dem Schoß die Hand
mit dem Buch, ein Finger zwischen den Seiten, um die
Stelle nicht zu verschlagen, die so bedenkenswerte
Ausführungen enthält ...?

Drei Frauen

Drei Frauen begegnen mir im Strichdickicht
einer Bleistiftzeichnung:

Dieses Gesicht: jenseits der Verzweiflung.
Das traurigste Gesicht der Welt.
Was hat man dieser jungen Frau angetan?
Wer unterwarf das zarte Schmetterlingsgeschöpf
einer weiteren, grausamen Metamorphose, die
das widerwärtigste Schlangengewürm gebar?
Keiner nimmt in dem närrischen Fastnachtstreiben
der Verkleidungen davon Notiz.

Vegetabilisch sprießen die bösen Gerüchte.
Mit dem Schandbrett um den Hals, den
Wechselbalg an ihrer Brust, bleibt ihr nicht
erspart, durch das dunkle Spalier der
Verleumdungen zu gehen. Doch erscheint sie mir
als eine hoheitsvoll Schreitende, auf die schon
das Licht der Erlösung fällt.

Sie hat sich den Strumpfbandorden der
Unverzagtheit ans Knie geheftet. Mit kraftvoller
Gebärde tanzt sie wollüstig gegen die Lemuren an,
stimmt den großen Dämon an der Höllenpforte milde,
der uns traurigen Auges seine Ohnmacht gesteht.

Christliche Seefahrt

Das Herz ist ein
Narrenschiff auf
stürmischem Meer.

Traum vom verlorenen Sohn

Verkrustete Schotts hinter den Lidern
gehe ich die Straße zurück, auf der ich
einst auszog, pfeifend die Weise von den
sieben Meeren und den vier Winden, ein Mann
zu werden unter den Segeln der Zeit.

Ich bin keiner der aufrecht Heimkehrenden, Mutter,
mit Stolz unterm Helm, in neuen Stiefeln, einen
goldenen Sattel auf dem lackierten Rappen.
Barfuß komme ich, mit zerschundenen Sohlen,
müde von dem gelben Wind im Ohr, der auch
nachts nicht verstummte, ein Sich-Schleppender,
dem der Gaul verreckt ist und der seine Kraft
gelassen hat in den Wüsten dieser Welt.

Auch mein Kuss sei bitter, Liebste, sagte mir
die Traurig-Unberührte, die ich hinter den Inseln
fand, am Strand kauernd in der Nacht, mit den
blanken Brüsten gegen den Mond ...

*Jakob van Hoddis, ermordet in einem
nationalsozialistischen Vernichtungslager*

Vor Hunden, Katzen und Vögeln
zog er grüßend den Hut.
Kinder beschenkte er
mit Buntstiftzeichnungen.
Seine letzte Tübinger Adresse
war die Klinik für Gemüts- und
Nervenkrankheiten auf dem Föhrberg.

Beim Lesen eines Gedichts

Ein Gedicht, wie so oft, das mir nichts
zu sagen weiß, Worte, die
an mir abprallen, die keine Wärme
anfachen in meinem Herzen –

und plötzlich, unverhofft, aufbrechend
wie eine helle Blüte im frierenden Moor,
eine Wendung, die ich nicht zu deuten
vermag und die doch ein wunderbares
Licht entzündet, das nur mir allein
leuchtet.

Eigengewächse

Gib es endlich auf, Worte, die dich
faszinieren von jeher, die seit langem
deine Einbildung kitzeln und deine
Phantasie bereichern, die etwas
ganz Eigenes in dir zum Schwingen
bringen, im Lexikon nachzuschlagen,
also totzuschlagen.

Lass sie leben, wie sie gewachsen sind
im Treibhaus deiner Imagination,
zwing sie, deine Adoptivkinder, nicht
kaltherzig ins Joch ernüchternder
Sozialisation.

Tagebücher

Regale voller Vergangenheit:
aufbewahrt für die Zeit, in der
die Gegenwart abgegriffen
schmecken und die Zukunft
sich als brüchiger Haltegriff
erweisen wird.

Warnung vor Interpretation

Wittgenstein mochte Trakls Gedichte,
aber er verstand sie nicht, lese ich.
Warum, in Dreiteufelsnamen, ein Gedicht
versteh'n, wenn es dich anspricht? Nimm
als Geschenk, was es dir sagt, dir ganz allein.
Die Interpretation überlass den Kritikern und
Literaturhistorikern, armselig sind ihre Erträgnisse,
denn sie ernten nicht mit der Weisheit des Herzens,
die allein in der Brust des Lesers ihre zündenden
Funken schlägt.

Venus

In tausenderlei Gestalt
verkörpert sie das
Weibliche, das uns in
seinen Bann schlägt.

Gepriesen seien die
polytheistischen Zeiten,
da ihrer Verehrung
als Göttin nichts
im Wege stand.

Göttliche Botschaften

Am Nachmittag eines bislang trüben Tages
tritt die Sonne machtvoll und wunderbar
durch die alten Fenster
in die dunkle Kathedrale.

Das Licht schreibt göttliche
Botschaften auf Pfeiler, Boden und Wände.
Jeder kann sie lesen!

Aller Laster Anfang

Hinein in die Dämmerung
tragen die Müßiggänger
ihren Mangel an Tatkraft,
der erst anderntags wieder
in Erscheinung tritt, wenn sie
am Mittag das Frühstück
unter der arbeitenden
Bevölkerung zu sich nehmen.

Antje Gräubig

Es steht ein Haus in Ost-Berlin, in dem ich am 19.05.1976 geboren wurde. Ich absolvierte eine zehnjährige Schulausbildung mit Realschulabschluss. Im Anschluss folgte eine dreijährige Ausbildung zur Kauffrau im Einzelhandel im Bereich Lebensmittel. Nach der Ausbildung blieb ich im selbigen Unternehmen tätig, bis dato. Schon in jungen Jahren schrieb ich kleine Gedichte und ein paar Kurzgeschichten. Die Themen der Gedichte liegen auf der Straße, ergeben sich aus den Nachrichten oder persönlichen Interessen.

»WENN JEMANDEN EIN GEDICHT IRGENDWIE EMOTIONAL BERÜHRT – DANN IST ES GUT.«

Verlangen nach Feuer

Sie ist keine feine Lady,
eher Vamp, rote Lippen, Mähne blond.
Ja, sie weiß, was sie hat;
reizt und spielt damit gekonnt.

Stets gehüllt in ein Hauch von Nichts
von Männern nur so umringt,
eine Wölfin im Löwengewand
mit unbändigem Jagdinstinkt.

Sie hat nur Verlangen, Verlangen nach Feuer
will jeden Tag ein neues Abenteuer.

Sie will animalischen, privaten Exzess
eiskalte laverne Hölle ihr Reich
will nur ein Machoschwein
der brave Kuscher ist ihr zu weich.

Sie will keine Herzensliebe
keine gefühlvolle Lust
wehe, wer es nicht bringt
spürt ihren Hass und Frust.

Sie hat nur Verlangen, Verlangen nach Feuer
will jeden Tag ein neues Abenteuer.

Ihr süchtiges, gnadenloses Verlangen nimmt stetig zu
mit jeder in ihren Augen verlorenen Schlacht
die endet ohne Spuren von Blut und Saft,
wenn er nicht in ihr Feuer entfacht.

Irgendwann erlag sie dem König
dessen Herz sie hat vor Jahren zerrissen
er sich stolzen Hauptes entfernte
und sie lag regungslos auf den roten Kissen.

Sie hatte Verlangen, Verlangen nach Feuer
wollte jeden Tag ein neues Abenteuer.

Afrika – Europa – Amerika

Afrika, der schwarze Kontinent
noch ein Paradies für dessen Natur
denn der reiche Großwildjäger
verkürzt der Big Five immer mehr die Lebensuhr.
Kulturgut aus Pyramiden der Pharaonen
tut man immer mehr dem Lande rauben
gegen Lieferung von Waffen und Munition
für den heiligen Krieg gegen anderen Glauben.
Die Eingeborenen leben unter ärmsten Verhältnissen
viele Kinder leiden Hunger und Not
der feine Gesellschafter gibt nicht einen Quarter
für ein überlebenswichtiges Stück Brot.

Die Welt ist nicht mehr zu verstehn
will fröhlich tanzend untergehn
von Menschenhand so gelenkt
der selbstsüchtige Egoist dies nur verdrängt.
Geld, nur Geld allein ihn bewegt
Alles andere, wie hinweggefegt.

Europa regiert von Wirtschaftspolitik
Schnelllebig, modern, Computer, viel Industrie
Gnadenloser wissenschaftlicher Fortschritt
Immer bessere Technologie.
Der Mensch dabei auf der Strecke bleibt
die Wirtschaft fährt ohne Halt bergab
die noble Gesellschaft stört es wenig
denn nur für die Kleinen wird's Geld knapp.
Die Arbeitslosenzahlen stetig steigen
keine Lösung, wie soll es wieder bergauf gehen
kein Gedanke an Zukunft der Kinder
denn ein Ende der Misere nicht abzusehn.

Die Welt ... hinweggefegt.

Amerika von Kolumbus aufgestöbert
Indianer- und Inka-Kulturen wurden ignoriert
brachte Tod und nahm ihnen Lebensraum
oder hat sie einfach missioniert.
Viele Menschen leben in Slums
Fast jeder besitzt heute Waffen
es herrscht Rassenhass und Gewalt
alles was du willst, kannst dir beschaffen.
Jeden Tag gibt es Mord und Totschlag
Differenzen zwischen Schwarz und Weiß
Rivalität der verschiedenen Gangs
und Unbeteiligte zahlen den Preis.

Die Welt ... hinweggefegt.

Crazy

Er war der Business–Men
alles lief für ihn perfekt
doch das wahre Glück
hat er nie entdeckt!

War immer auf der Überholspur
hat alles ausgecheckt und probiert
sich genommen was er wollte
scheiß egal, was passiert.

Stets crazy drauf, extrem,
hat immer nur Gas geben
ausgereizt bis Limit
sein Synonym für leben!

Exessive, exaltierte Gradwanderung
genoss Alk und Sex in Übermaß
doch Herz und Seele waren so einsam
wie ein bodenloses Faß.

Only Time – Satisfaction
next Kick und Versuchung
bis zu dem Punkt
wo in Koks er suchte Befriedigung.

Megadebakel brach herein
er verlor an Geld
Fehlinvestitionen, verspekuliert in Aktien
war nicht mehr der Held.

Der totale Absturz
setzte alles in den Sand
er für sich dann
nur noch den einen Ausweg fand.

Stand auf der Brücken
to the next night
kletterte auf das Geländer
entschloss sich, allright!

Erbreitete die Arme aus
wollte ein letztes Mal fliegen
seinen Egoismus spüren
keiner kann über mich siegen!

Er schließt die Augen
sieht im Dunkel das Licht
da reißt ihn wer runter
schlägt erbarmungslos ins Gesicht!

Er ist wie benebelt
konnte es nicht fassen!
In ihm stieg Wut auf
spürt wie ihn Rachegefühle erfassen.

Er rappelt sich auf
sieht dem Gegenüber ins Gesicht
blickt in zwei rehbraune Augen
und schafft es plötzlich nicht.

Die Gefühle spielen Chaos
bringen Achtung und Respekt
sein Herz steht in Flammen
hat in ihm neues Lebensgefühl geweckt.

Sie machen die Nacht zum Tag
genießen fortan jeden Augenblick
gehen nur mehr zweisam
erfülltes Lebens–Liebesglück!

Star-S(ch)ein

Wer hat nicht den Traum
»The Story of U.S.A.«
im Schampusglas der Schaum
in der High Society – ich, der Star!
Hast Millionen am Konto
Villa, Ferrari, Yacht, Luxus pur
ständig Party, Clubbing, High Life
jeden Tag, rund um die Uhr.
Reisen um die Welt, keine Lebenssorgen,
alle liegen zu Füßen dir,
angebotenes, gekauftes Liebesleben
wenn dir danach Begier.

Star-Sein liebt jeder sehr,
Star-Sein, das ist doch nicht schwer,
Star-Sein, was will man mehr,
gibst einfach alles von dir her.
Erfolg und Ruhm bringt stets mehr Gewicht
und wenn kein Privatleben mehr in Sicht
bist nicht mehr im Rampenlicht
die all zu verletzliche Seele zerbricht.

Dein Leben steht in der Yellow-Press
Bist morgens mit Black-Out aufgewacht
Kannst abends schon lesen
Wo du die Nacht verbracht.
Wenn Paparazzi stets bedienst
aber bitte nur Skandal & Peinlichkeiten
dann hast die Garantie
bist immer auf der Titelseiten.
Verlorene Freiheit, Enge Angst & Misstrauen
machen Körper und Seele kaputt
abwärts geht's schneller als gedacht
alles was war, nur noch Asche und Schutt.

Star-Sein liebt jeder sehr
Star-Sein, das ist doch nicht schwer
Star-Sein, was will man mehr
gibst einfach alles von dir her.
Erfolg und Ruhm bringt stets mehr Gewicht
Und wenn kein Privatleben mehr in Sicht
Bist nicht mehr im Rampenlicht
die all zu verletzliche Seele zerbricht.

Stefan A. Haser

Stefan A. Haser, von Haus aus gelernter Chemieingenieur, ist 31 Jahre alt, ledig und lebt derzeit im kurpfälzischen Mannheim. Seit 2006 hat er sich in seiner Freizeit dichterischen Worten verschrieben, sozusagen als künstlerischer Ausbruch aus der Welt der nackten Tatsachen, Formeln und Zahlen, denen er sich tagtäglich in seinem Berufsleben gegenübersieht.

»Wenn ich Euch nicht Gedichte schriebe, wär nichts, nur die Erinnerung, was hier nach meinem Tode bliebe.«

Gegen den Wind

Regen fällt auf meine Wangen.
Wind peitscht harsch durch mein Gesicht.
Spür die dunklen, harten Tage.
Fühl, wie kalt die Welt doch ist.
Dieser Herzschmerz lässt mich wanken.
Doch noch steh ich, falle nicht.
Noch trotzt Willenskraft dem Reize,
all den Pflichten zu entfliehen.
Starrer Blick, mit schweren Augen,
sucht den Weg durch Eises Schauer
nach dem einen warmen Flecken,
wo die Liebe wohl noch ist.
Doch durch zugekniffne Lider
will die Sicht mir stetig schwinden.
Eil dich, Herz, die Kraft, sie fliehet,
sonst wirst du sie nie mehr finden.

Im Wind

Ich seh dein Haar so wunderbar befreit und leicht im Winde wehn.
Seh dich verspielt und voller Glück im Frühlingslicht spazieren gehn.
Strahlt dein Gesicht? Ich sehe dich verträumt im Sonnenlichte stehn.
Man kann die Freude förmlich spürn, die gute Laune gleich verstehn.

Dein helles Kleid tanzt zart umher im sanften, lauen Morgenwind.
Im Glanz der Sonne wirbeln dessen grelle Farben gar geschwind.
Durch deinen Anblick so gebannt, ist man für alles andre blind.
Es scheint sogleich, dass alle Augen nur auf dich gerichtet sind.

Was wär die schöne Frühlingswelt, wenn diese frische milde Brise,
dein güldenes gelocktes Haar nicht ach so luftig wehen ließe?
Da man dich sieht so sorgenfrei und tänzerisch auf grüner Wiese,
spinnt jeder Jüngling gleich Ideen: »Keine Maid ist so schön wie diese.«

Dein sanftes unbeschwertes Lachen, wahrhaftig es berührt auch mich.
Wenn man es sieht, kann man nicht anders: Ganz automatisch lächle ich.
Ohne zu ahnen, wie du's machst, erfreust du nicht ausschließlich dich.
Öffnest auch unsre Herzen weit – heilst sie dadurch versehentlich.

Von güldenen Gedanken

    Der offenbare Schein oft trügt,
    doch für das wache Auge liegt
    die Wahrheit nie verborgen.
    Drum gräm dich nicht mit Sorgen!

Mein Kind, du bist nicht ohne Bangen,
ich kann's in deinen Augen sehn.
Der Grund, ich seh die Zeichen prangen,
sind schlimme Dinge, die geschehn.
Kannst du Gerechtigkeit verlangen?
Schon viel zu oft musst' ich verneinen,
dass blinde Zuversicht genügt.
Dass, wenn wir es zu sehen meinen,
wenn Leute lachen oder weinen,
    der offenbare Schein oft trügt.

Ich hörte länger schon dein Flehen,
die Ränke lassen keinen Frieden.
Allmählich kann auch ich verstehen,
drum hast du diese stets gemieden.
Gestatte mir, die Sicht zu drehen:
So sei mein Platz, dir anzumahnen,
dass letztlich doch die Wahrheit siegt.
Da immer sie leicht zu erahnen,
gleich Wellen auf den Ozeanen,
    doch für das wache Auge liegt.

So sollte dies für immer sein,
und wir von klein auf stetig lernen,
dass nichts, auch nicht der erste Schein,
die Wirklichkeit vermag entfernen.
Und sei der Funke noch so klein.
Da er den Tag mir erst erhellt,
so ist an jedem neuen Morgen,
weil mir das Sein nur so gefällt
in meinem Bild der heilen Welt,
    die Wahrheit nie verborgen.

Tatsächlich ist die Hoffnung alt,
in Klarheit sich allzeit zu wissen.
Doch gibt sie meinem Denken Halt,
drum würd ich sie nur ungern missen,
wird es um dich erneut ganz kalt.
Du kannst in meinen Glauben fliehen
und dadurch einen Lichtblick borgen.
Echte Erkenntnis selbst bemühen
und durch die Wahrheit neu erblühen.
    Drum gräm dich nicht mit Sorgen!

Erleuchtung

Als ich des Nachts auf kalten Füßen stand
und meinen Körper müd nach vorne wandt,
    da sah ich durch der Türe Schlitz
    das helle Licht – den Geistesblitz.

Es traf mich aus dem Nichts, so ganz abrupt.
    Dass sich im Dunkel dieser Ort entpuppt.
    Ganz plötzlich wurd mir wieder klar,
    wo ich grad stand, wo ich hier war!

Ganz unbewusst, gar des Verlangens Werk,
hab ich, vom Geiste wieder unbemerkt,
    vor Hunger wohl – er sei verflucht –
    den Kühlschrank wandelnd aufgesucht.

Ein Kinderlachen

Wie schön du spielst. Und wie du lachst,
Grimassen machst,
spielst du mit mir.
So unbeschwert.
Du hast den ganzen Lebensweg ja noch vor dir.
Auf dem du gerne lachen wirst –
wohl sicherlich,
die meiste Zeit.
Doch lernst du bald, mein kleiner Schatz:
Sei auch zum Weinen stets bereit.
Denn viel zu bald,
schmerzlich zum Teil,
musst du erkennen:
So viel ist Leid –
doch du wirst manches schlicht
Erfahrung nennen.
Drum lach mit mir,
so oft du kannst,
zeig deine Heiterkeit.
Verdräng, was unausweichlich scheint,
schon viel zu bald ist es so weit.
Und wenn's so weit,
versprich mir,
tu, was du am schönsten machst:
Besuch mich oft an meinem Grab,
versprich, dass du noch mit mir lachst.

S. A. Haas

Renate Heetmann

Renate Heetmann, wurde 1936 in Schlesien geboren und lebte dort bis 1946, davon kriegsbedingt einige Jahre auf dem Försterhof ihres Großvaters. Wurde damals bereits ihre Liebe zur Natur geweckt? Mittlere Reife, kaufmännische Ausbildung. Sie hat drei erwachsene Töchter und drei Enkel und wohnt im Sauerland. Als Pfadfinderin war sie viele Jahre eingebunden in die Jugendarbeit. Mehr als zwanzig Jahre war sie aktiv im Igelschutz tätig und ebenso lange ehrenamtlich im kirchlichen Umfeld. Sie schreibt Lyrik und Prosa.

VERSUCHE MUTIG NACH VORNE ZU SCHAUN
UND GEH DER SONNE ENTGEGEN.
SUCHE DAS LACHEN UND FINDE DIE FREUDE
UND MACHE WEIT DEIN HERZ FÜR SIE AUF!

Alte Freunde

Die Uhr des Lebens bleibt nicht steh'n.
Ein gutes Stück schon legten sie zurück.
Doch wenn sich alte Freunde sehn,
schrumpft es zusammen und vom Glück
der Jugend wird erzählt.

Jeder weiß was zu berichten,
was sie zusammen angestellt,
und die vergangenen Geschichten
wärmen's Herz und machen froh.

Irgendwann will man dann wissen
»Was machst du, und wie lebst du so?«
Und mancher wird bekennen müssen,
im Leben lief's nicht immer glatt.
Doch wem gelingt so etwas schon?
Was man sich vorgenommen hat,
blieb manches Mal nur Illusion.

Die Jahre flogen schnell dahin,
längst zählt man nicht mehr zu den Jungen …!
So manches hat man noch im Sinn,
doch dies und das ist schon verklungen.

Man fühlt sich wohl in dieser Runde,
man kann zusammen fröhlich lachen
und zu vorgerückter Stunde
auch noch neue Pläne machen.

Beim Schwärmen von den alten Tagen
merkt keiner, wie die Zeit vergeht.
Zum Abschied hört man sie dann sagen,
dass man sich immer noch versteht,
sei wunderbar und muss so bleiben!
Sie woll'n sich bald mal wiedersehn,
anrufen will man sich und schreiben;
denn dieser Tag war wirklich schön!

Die Zwei

Sie tanzten lachend durch den Mai.
Sie stiegen auf Berge und lagen im Gras.
Sie waren so jung – und das Leben ein Spaß!
Doch diese Zeit ist lange vorbei.

Viele Sommer gingen seit damals ins Land.
Jetzt sind sie alt und ein bisschen krank
und sitzen im Park auf einer Bank.
Vertrauensvoll nimmt er ihre Hand.

Und gehen sie weiter, müssen sie öfter mal stehn.
Stützt er sie, führt sie ihn? Man kann es nicht sehn.
In ihrem Lächeln die bange Frage, –
wie viel Zeit noch, wie viele Tage?

Erinnerungs-Foto

Ein altes Foto war da plötzlich.
Sie hielt es in der Hand, – schaute –
und die Gedanken liefen rückwärts ...

Da war diese Bank am Waldrand, –
ein lauer Sommerabend.
Sie zählten die Glühwürmchen.

Der Sternenhimmel über ihnen.
Da, der große Wagen!

Es gab lange Spaziergänge zu Zweit,
Küsse unterm Regenschirm
und nasse Füße.

Sieh doch, der Mond schwimmt im See!
Sie sprangen ins Wasser,
wollten ihn fangen,
alberten herum wie Kinder.

Ein Fest mit Freunden,
sie tanzten unter bunten Lampions.

Am Bahnhof dann der Abschied
– wie immer.
Bis bald, mein Liebes.
Eine Umarmung noch, ein Kuss.
Dann Türenschließen.
Der Zug trug sie fort, –

sie ahnten nicht,
dass sie sich nicht wieder sehen würden!

Ihre Hand zitterte ein bisschen,
als sie das alte Foto weglegte.

Es wird wieder ...

Es wird wieder Frühling in der Natur,
alles grünt und blüht und drängt ins Leben!
Was gestern noch grau war und ohne Hoffnung schien,
wagt sich heute hervor und treibt neue Knospen!

Bleib nun auch du nicht im Dunkeln stehn,
probier es, das Leben wieder zu lieben!
Und damit auch in dir wieder Frühling wird,
vergiss, was dir weh tut und was dich quält!

Versuche mutig nach vorne zu schaun
und geh der Sonne entgegen.
Suche das Lachen und finde die Freude
und mache weit dein Herz für sie auf!

Du wirst sehen, es wird wieder ...!

Oktobertag

Blauer Himmel und ein strahlender Sonnenschein!
In leuchtenden Farben steht der Wald!
Es ist ein goldener Herbsttag –
und wir genießen ihn!

Doch die Natur weiß schon – es ist Zeit!
Die Zugvögel machen sich auf den Weg,
und unsere Kinder suchen nach Kastanien.
Über uns am Himmel sehen wir Kraniche ziehen,
hören ihre Schreie ...!
Und unter unseren Schritten raschelt das Laub.

Bernd Herrde

Bernd Herrde, 1946 in Dresden geboren, erlernte den Beruf des Binnenschiffers. Später studierte er Kultur- und Kunstwissenschaft an der Universität Leipzig. Von 1980 bis 2011 war er als Konservator am Museum für Sächsische Volkskunst in Dresden tätig.

»Was sich ahnend rundet in der Worte Spiel,
dieses fühlende Begreifen
in Bilder fügt
ist der Quell des Schreibens.«

Noch immer

Noch immer weht der Staub der Blüten,
legt der Mond sich müde nieder
um zu fließen in den Wassern überall.
Lächelnd träumt der Stern der Lieder
von dem Tau auf deinen Wimpern,
die ich küsste sorgenvoll.
Gleiche Wege ziehn uns wieder
in das matte Silbern
dort am alten Quell.

Am Palaisteich

In letzter Glut
aus Wolkendunkel
suchend schwarz der Bussard streicht,
hohe Äste überschwebend
er dem Tag den Abschied zeigt
und der Glanz der Sternenbrüder
schimmernd sich
die Nacht erschweigt.

Ohne Noten

Jede Nacht kam eine Fee
durchs verschlossne Fenster
immer neu zu mir,
weil ich liebende Gespenster
gern hinter fester Tür.
Alles weitre, lasst mich schweigen,
ihre Namen
klingend Saiten,
Träumerei auf dem Klavier.

Erkenntnis

Endlos fließt die Tinte,
doch die Vielfalt alles Strömens
keine Feder es zu sagen
je vermag.
Erkennen lobt in höchsten Tönen
was als Frage
widerlegt der neue Tag.

Spruch

Mitunter ist es ein Haar der Wimper
oder eigener Seelenklimper,
weshalb der andere Fröhlichfinder
dich so stört.

Zugvogel

Auf Gefrorenem
tanzt die Kufenfee,
Kinder schlittern munter
über den erstarrten See.
Ein Vogel fiel tot runter,
blutlos in den Schnee,
es war ein fremder bunter,
der im Fern geboren
erfuhr vom Zaubersee,
nicht kennend jene Kälte,
wo Herzen der Erfrornen
sich wärmen
am eigenen Kaltbüfett.

Schwalben

Sie sind wieder da,
die zwitschernd schwarzen Perlen,
die flüchtigen Korallen
am hohen blauen Meer,
fliegen, was uns gefallen,
aus vergangenen Jahren her,
trinken Wasser aus den Wolken,
die da treiben leicht und schwer.
Und da sie immer kommen
nach letztem kalten Weiß
ziehen sie Gedankensonnen
in den luftig neuen Kreis.

Wärme

Im kalten Regenguss
auf kahlem Ast, oh Graus,
ein Taubenpaar eng saß,
hatten aufs Fliegen keine Lust
blieben heut zu Haus.

Stadtromanze

Flüsternd treibt die Abendstadt
ihr Laternenspiel.
Blätter rascheln letztes Wort,
leuchtend flammt Vergnügen auf,
die einen eilen nach zu Haus
wo andre erst mobil.
Doch zwischen Straßen fort
manch dunkler Ort,
schlafend Blätter
träumen stille Küsse viel.

Falscher Eindruck

Welche Ahnung legt sich wieder
auf ein jedes
dir begegnende Gesicht,
im Sekundenklang
meinst du zu klären,
was sich anders webte
als dein Tuch
der eignen Sicht.

Dahin

Ein See voll blauer Blüten
im tiefen Meer versank,
verschwunden unter Wellen
hörte ich noch lange
klagenden Gesang.
Schwarztrauernd ruhend Spiegel,
den kein Schauen mehr durchdrang.

Direktive

Vom Gerade führt die Gleise
die gestellte Weiche
mal nach rechts
und mal nach links.
Der Fahrer dieser Reise
lenkt nach Plan der Direktive,
die ihn bezahlt bestimmt.
Die Gäste fahren munter
Gleise rauf und wieder runter,
nur wer eignes Ziel vernimmt
beizeiten von gelenkter Schiene
auf die freien Wege springt.

Umzug

Er grüßte mit gezogner Mütze
verweisend auf sein kahles Haupt,
nannte mich mit falschen Namen
»es hießen alle Klaus«
mit einem Lächeln so nach innen,
neben seiner Frau als Fremde,
ließ einen Spalt er offen
von seinem neuen Haus.

Dem Maler Hans-Jürgen Schreckling

Farben können tragen
Licht in Schatten
der weltweit
offenbaren Charaktere
malen hoffend
das Gelittne nebelweich,
schildern mit besorgtem Pinsel
Tiefverborgnes
aus dem Farbenkreis.

Gärtner

Kirschenrot voll bittersüßer Mandel
sind die Frauen des Begehrens,
welche du so oft gesehen,
zehrtest dich vergebens,
die meisten Kirschen sind doch madig,
musst vor der Reife
nach weißen Blüten sehn.

Herbst

Graue Haare
Hand in Hand
müde Schritte
wortlos Schweigen
übers jahrelange
trennende Geschehn,
nun gemeinsam,
Blätter fallen
im Vergehn.

Reise vor Ort

Es floss aus einem Brunnen
ein wasserblauer See,
es trieb ein Lied in Wolken
von sonnenrotem Schnee,
ich sah der Tage Scheiden
im Funkeln aller Nacht,
herrlich ist das Bleiben,
in dem, was du erdacht.

Herrliches Prinzip

In dem Willen feurig Zeugung
flammt die Liebe
mit brennend Schmerz empor,
keine Worte finden Deutung,
nur das Eine,
kein Nachher und kein Davor.
Köstlich das verlangend Meinen
ewig sich vereinend
für die Neugeburt.

Gene

Eine kleine Raupe
an der süßen Traube,
als Falter buntgefärbt,
hat vom Sonnenrausche
sich den Torkelflug vererbt.

Wein

Je zarter die Blume,
so eher das Sterben,
oh schmerzender Herbst,
lässt süßen die Trauben
um Blühen zu schauen,
was gewesen so war,
um in Welke zu suchen
die Reife so schwer,
es trinken die Klugen
neue Knospen sich her.

Entflogen und gefangen

Ein blauer Luftballon
in dürren Zweigen hing,
ein treffend Bild,
was ich da sah,
in der Fasson
so lebenswahr.

Glücklich

Was sind da viele Engel,
wenn meine Seele jauchzt,
es leuchten Tagesterne,
die Sonne liegt auf Wegen,
vergoldet aller Staub,
welch jubelndes Gedrängel,
selbst schmale Ferne
mir meine Freude glaubt.

Spruch

Als die Sprache
zum Flügelwort verkam,
gewann erneut die Geste
für den, der lesen kann.

Ja?

Wo einst der Mond die Nacht verbrannt
im Sternenspiel,
die Sonne deine Haut versenkt
im nackten Schwül,
möchtest du noch einmal baden
verstandlos im Gefühl?

Zum Ursprung

Dort, wo das Meer die Steine
der Gegangenen ständig überspült
ist der Tod gestorben
zwischen Ebbe und der Flut,
konnt auf Dauer nicht begraben,
ward um seine Macht betrogen,
weil das Wasser
doch viel tiefer ruft.

Birgit Hertel

Birgit Hertel ist 58 Jahre alt und im Vorruhestand. Schreiben bedeutet für sie, sich mit dem Leben auseinanderzusetzen, wieder zu atmen.

»WENN MICH DIE GIER NACH DEM NEUEN VERLÄSST, BEGINNT DAS STERBEN.«

Denn die Jahre der Jugend ...

Kein Mensch will alt werden
kein Mensch will gebrechlich werden
und so suchen die Menschen
nicht erst seit gestern für sich
einen Jungbrunnen
wo jeder badet
nicht nur sein Gesicht

Doch keiner hat ihn je gefunden
keiner kann hinein steigen
da ist ein Wunsch
der wird für alle Menschen schweigen
denn die Jahre der Jugend
für jeden vergehen
glücklich darf sich der schätzen
der sich alt darf sehen

Ich will mich freuen über jeden Tag

Geht es mir schlecht, rede ich mir ein
es geht mir gut, es geht mir fein
ich will nicht stöhnen, habe nichts davon
Selbstmitleid ist schädlich, nur Illusion

Geht es mir schlecht, rede ich mir ein
mein Problem, das sei nur klein
werde Schlimmeres verstehen
nicht voller Egoismus nur mich selber sehen

Geht es mir schlecht, rede ich mir ein
ich will nicht undankbar sein
will mich freuen über jeden Tag
den mir das Leben nicht erspart

Doch diese Augen ...

Gott gab mir mein Augenlicht
damit ich sehen kann
und ich bin darüber glücklich
nicht erst irgendwann
doch diese Augen in meinem
Gesicht
es sind die Meinen
denn deine
sind es nicht

Denn mich

Auf der Suche nach der Liebe, auf der Suche nach Geborgenheit
nahm ich mir für die falschen Menschen Zeit
ich gab mich ab mit finsteren Gestalten
und habe oft meinen Mund gehalten
auf der Suche nach Liebe, auf der Suche nach Geborgenheit
da hat oft meine Seele geweint
denn mich – liebte ich nicht

Liebe

Zart und zerbrechlich
nur für das Geben empfänglich
Fragen werden nicht gestellt
es gibt auch keine Erklärung
auf dieser Welt
die Liebe ist schon sonderbar
denn dieses Gefühl ist einfach da

Zart und zerbrechlich
kriege ich von dem, was ich gebe
ein kleines Stück zurück
kann ich mich beschenkt fühlen
und glücklich
auch wenn ich in meinem Leben
der Liebe darf begegnen

Zart und zerbrechlich
nur der Moment des Glücks
erreicht mich
und wenn die Liebe mich verlässt,
dann muss ich sie gehen lassen
nur Erinnerungen halten sich fest
zart und zerbrechlich
Liebe ist selbstlos, nur ein Menschenherz
verschenkt sich

Das Schwarz von Gestern

Das Schwarz von Gestern
war eingebrannt in meiner Haut
und es hat mich nicht nur angeschaut
es saß auch in meinem Gehirn
denn wer vergisst sein gelerntes Elend schon

Das Schwarz von Gestern
war eingebrannt in meiner Haut
es zog mich an, obwohl es mir nicht gut tat
das Schwarz von Gestern –
denn ich sah nicht
das Licht

Doch oft …

Was ich in meinem Leben
getan habe
kann ich nicht ändern
ich kann nichts korrigieren
oder gar ausradieren
denn ich
muss jede Tat akzeptieren
für mich

Ich kann nur bereuen
und hoffen
Menschen mögen mir
mein Fehlverhalten verzeihen
doch oft
bereue ich das
was ich aus »Angst«
nicht getan habe

Dort sehe ich mich

Der Ort heißt Schweigen
nicht jeder Mensch möchte dort hinreisen
denn da ist die Stille
und Ruhe zu Haus

Der Ort heißt Schweigen
da begegnet jeder Mensch, dem Lärm,
dem eigenen,
denn dort sehe ich mich
und sonst – nichts

Lebenslügen

Wenn die Wahrheit hässlich ist
mein Gedächtnis sie schnell vergisst
denn ich mach mich mit einer Lüge froh
und glücklich ebenso

Habe dann ein gutes Gewissen
werde die Wahrheit nicht vermissen
denn mein Gedächtnis, das kann ich einengen
und die Wahrheit, die kann ich verdrängen

Wenn die Wahrheit hässlich ist
mein Gedächtnis sie schnell vergisst
doch ich werde mich selbst betrügen
aber krank machen Lebenslügen

Birgit Hertel

Karin Hufnagel

Ich wurde 1957 in Deggendorf geboren. Seit meiner Kindheit lese ich gerne Gedichte. Meine damaligen Favoriten waren die Balladen von Friedrich Schiller. Nachdem meine drei Kinder erwachsen waren, kam die Zeit selbst Gedichte zu schreiben. Ich verdichte gerne kleine Geschichten und Begebenheiten des täglichen Lebens. Manchmal ordne ich damit auch mein Seelenleben. Wobei nicht alles autobiografisch ist, was ich schreibe. Seit kurzem schreibe ich auch Kurzgeschichten für Kinder und Erwachsene.

»Nenne dich nicht arm, weil deine Träume nicht in Erfüllung gegangen sind;
wirklich arm ist nur, der nie geträumt hat.«
(Marie von Ebner-Eschenbach)

Wir

Wir teilten unser Pausenbrot,
wenn wir im Schulhof saßen,
wir kamen leider oft zu spät,
weil wir die Zeit vergaßen.

Wir tranken aus dem selben Glas,
tauschten sogar die Schuhe,
versteckten unser Raucherzeug
in deiner Wäschetruhe

Wir hatten einen Freundschaftsring,
ein Schwur der Ewigkeit,
dass ich dich doch verloren hab,
das tut mir heut noch leid.

Ich weiß nicht ob ich dir jemals
auch zu verstehen gab,
dass ich ein Stück von meinem Herz
bei dir gelassen hab.

Wenn ich ...

Wenn ich träume,
pflanz ich Bäume
und lass meine Seele
schweben.

Wenn ich weine,
ganz alleine,
hab ich längst nicht
aufgegeben.

Wenn ich lache,
Späße mache
möchte ich vor Glück
zerfließen,

denn ich merke
meine Stärke,
um das Leben
zu genießen.

ent–

entwurzelt, gefallen
so unendlich
tief

entzweit mit der Seele
die grade noch
schlief

enttäuscht vom
Vertrauen
das berstend
zerbrach

entzaubert ein Leben,
das Liebe
versprach

Abzählreim der Liebe

ich verlieb mich
ich verbieg mich
ich verlier mich
bin
verloren

du besitzt mich
du erstickst mich
Liebe hast du
mir
geschworen

doch sie nimmt mir
meinen Atem
zwingt mich nieder
auf
die Knie

röchelnd liege
ich am Boden
totgeliebt sein
wollt
ich nie

Melancholische Traurigkeit

Ganz tief in meinem Herzen,
wohnt ein Stück Traurigkeit
und an gewissen Tagen
und auch von Zeit zu Zeit

kommt es aus dunkler Kammer,
mit Tränen im Gesicht,
dann wiege ich es zärtlich
im warmen Sonnenlicht.

Die Traurigkeit, sie lächelt
mich voller Wehmut an,
doch hab ich nur die Sehnsucht,
die ich ihr schenken kann.

Das Hoffen und das Sehnen
nach einem kleinen Glück.
Sie nimmt, was ich ihr gebe,
mit Dankbarkeit im Blick.

Umschlingt mich mit den Armen
zarter Melancholie
und singt mit weicher Stimme
mir eine Melodie,

küsst sanft von meinen Lippen
den bittersüssen Schmerz
und trägt ihn leise weinend
wieder zurück ins Herz.

Ferdinand

In Müllers großer Regentonne,
da ist der Ferdinand zu Haus,
nun ist er zwar ein Wassertropfen,
doch nass zu sein, ist ihm ein Graus.

Er geht nicht mit zum Blumengießen,
formiert sich nicht zum Wasserstrahl,
hängt ganz weit oben an der Tonne,
denn feuchte Füße sind ihm Qual.

Ich kenne Ferdinand schon lange,
er kommt an jedem Regentag,
klopft heftig gegen meine Scheibe,
weil er zu mir ins Trockne mag.

Dann presst er seine kleine Nase
zufrieden an das Fensterglas,
dem Treiben von hier zuzuschauen,
das macht uns beiden großen Spaß.

Doch auch die Sonne muss er meiden,
sie brennt sich durch die zarte Haut
und innerhalb von drei Sekunden
hat sie ihn einfach weggeschaut.

Dann wäre er ein Teil des Kreislaufs,
dem auch das Wasser unterliegt,
doch Ferdinand, den klugen Burschen,
den hat die Sonne nicht gekriegt.

Die Puppenspielerin

Es ist noch gar nicht lange her,
da hat er sich verliebt
samtbraune Augen haben ihm
einfach sein Herz »gediebt«

Ihr Lächeln – süß und engelsgleich
raubte ihm den Verstand,
nun lag er ohne Herz und Hirn
in ihrer zarten Hand.

Und wie an Fäden hüpfte er
nun für sie her und hin,
denn ihr Beruf, so schien es ihm
war Puppenspielerin.

Doch irgendwann verknoteten
sich Arme, Herz und Bein
das tat ihm weh, er wollt' nicht mehr
Marionette sein.

»Lass mich doch bitte von der Schnur«
leis flehte er sie an.
»damit ich endlich wieder selbst
mein Leben lenken kann.«

Ihr Engelslachen wurde schrill,
sie hielt die Fäden fest,
so ist es, dass sie ihn noch heut
willenlos tanzen lässt.

Sieglinde Jörg

Sieglinde Jörg, geboren 1971 in Paderborn, Studium der Germanistik und Anglistik, Lehrerin in Konstanz, schreibt Gedichte, Kindergeschichten, Kurzgeschichten. Erste Veröffentlichungen 2011/2012.

»Die Lyrik gibt dem Schmerz ein Gesicht.«

Hohle Existenz

Aus Löchern kriechen morgens Leute
Aus ihrer hohlen Häuser Höhlen
Ihre Existenz ist zum Verhöhnen
Angefüllt mit Schund und Tand und Leerem

Wichtig glauben sie zu sein
Nichtig und von bloßem Schein
Ist ihrer Leben Lauf
Der Natur davor graut.

Zerstörung

Regenperlen glänzen im Geäst
Tropfen tippen Blätter an
Der Wind weht unbemerkt

Der Mensch ein nichtig Zwerg
Zertrampelt und zertritt
Ein Zopilot zerfleddert –
Das Leben ist entblättert.

Blick in die Baumallee

Karen Elson vertreibt die Stille
Ist meiner Sehnsucht Wehen Stimme
Ausdruck meines Herzens Schmerz
Sehnen füllt den Raum beherzt.

Mit dir durch Baumalleen schreiten
Niemals wieder auseinander gleiten
Ich möcht' in dir versinken
Um mich die Welt mag schwinden.

Die Sonne der Liebe erlischt

Du bist von mir gegangen
Ohne zu sterben –
Von mir gegangen
Ohne zu sprechen.

Dein tiefes Schweigen
Ersticket was war –
Dein tiefes Schweigen
Es offenbart:

Die Sonne der Liebe erlischt
Ich ertrinke in toter Gischt.

Wimmern der Welt

Der Himmel grau getüncht
Existenzen unbegrünt
Sonnenlos die Lippen
Nebenbei ein Küssen

Vom Regen frisch betupft
Das Kind gen Himmel guckt
Ein Blinzeln ins Wimmern der Welt
Ein Strahlen das keinem gefällt.

Windstille

Der schwarze Rhein
Fast unbewegt
Der Regen klopft an

Stille schreit leise
Leise der Regen
Die Erde berührt

Bei schlafendem Wind.

Frühstücksträume

Ob Monet oder Manet –
Ist das eine Frage?

Du Déjeuner sur l'herbe:
Die Realität ist herb
Die Phantasie – superbe.

Der Anstand wird's verbieten
Das Sehnen wird verschwiegen:
Nach Monet beginnend
Wohl heimlich Manet ersinnend
Ganz dem Gesetze treu:
Träume kennen keine Scheu.

Geheimste Gedanken einräumend
Frühstück unter Bäumen –
Ich möcht's nicht säumen.

Kalte Zunge

Du hast vom Déjeuner gesprochen
Und mir dann das Herz gebrochen

Kälte züngelt auf meiner Haut
Du hast mir nicht ins Herz geschaut

Ich seh dich sogar fröhlich lachen
Über meine Sehnsucht Witze machen.

Ohne Liebe

Endlich kommt ein kühler Regen
Ist meiner Seele heilig Segen
Muss mich ohne Liebe regen

Die Sonne scheint ins kühle Nass
Klar und rein
Beleuchtet sie das grüne Sein
Die Liebe – zertrampelt im Gras.

Abschied von Lisa

Im glatten Rhein ein Kräuseln
Der Mond erleuchtet die Nacht
Wie eine Kerze so schön

Lisas Lachen, Lisas Weinen
Lisas Wesen, Lisas Leben
Du bist bei uns gewesen

Das Seerosenlicht entschwindet
Blinkt nur noch entfernt
Gestorben ist das Licht
Wir blicken ins Nichts

Lisas Lachen, Lisas Weinen
Lisas Wesen, Lisas Leben
Du bist bei uns gewesen

Wir weinen dir nach
Die Himmelslaterne entschwebt
Wir sehen dir nach

Kalter Tod

Kalter Tod nach heißem Schmerz
Herausgerissen ist das Herz
Machtlos und so tief verletzt
Mein Innerstes zerfetzt

Hände hielten es so sanft
Meine Augen seh'n vergang'nen Glanz
Auf Eis zerschellt's in Blut getränkt
Im Blut der Sterne wurde es ertränkt.

Im Mondlicht

Zärtliche Küsse im Mondlicht –
Sanft berührt, zart umhüllt
Des Lichtes Schein unser Sein

Die Silhouetten unsrer Leiber
Sich in sanften Wogen wiegen
Innig ineinander schmiegen

Ungestört und voller Friede
Ist die Sanftheit dieser Liebe
Sie erklingt im Zauberliede.

Marianne B. König

Marianne B. König, geborene Mayer (1944), arbeitete lange Zeit als Sekretärin für diverse internationale Firmen in München und New York. 1988 kehrte sie nach Deutschland zurück. Die Autorin schreibt seit einigen Jahren Gedichte und ist Mitautorin der Anthologiereihe »Autorenwerkstatt«, Band 98, edition fischer, und von »Das Gedicht lebt!«, 2008.

»GEDICHTE SIND GESCHENKE DES GEISTES.«

Liebe

Liebe ist das schönste Wort
auf der Welt an jedem Ort.
Liebe hat aber mit Denken
auch ein wenig was zu tun:

Wer verwechselt wahre Liebe
mit Erfüllung seiner Triebe
erntet später seine Hiebe.

Deshalb prüfe auch dein Herz,
das so leicht sich reimt auf Schmerz.
Niemals sollst du dich belügen
und den Mensch der bei dir ist.
Willst du dein Geschick gut lenken,
kannst du Liebe dann verschenken.

Ob sie dir erwidert wird
ist trotzdem nicht garantiert
aber du hast es probiert
wenn das Glück auch mal versagt
wenigstens hast du es gewagt.

Wenn das T fehlt von der Treue
steht am Ende nur noch Reue.
Dann kommt Trost noch von dem Einen
dessen Liebe nie versiegt.
Er wird gütig dich beschenken
dich zur ewigen Liebe lenken.

Das Bankgeheimnis

Wir sind lustig und lassen leiden
Sorgen können wir vermeiden
denn auf fernen Inselgruppen
haben wir nebst schönen Puppen
unser Geld sehr gut versteckt
dort wird niemals es entdeckt
Zinsen wachsen noch dazu
vor den Steuern hat man Ruh.

Also träumt der Herr von Dünkel
und in seinem ganzen Klüngel
denkt nicht einer an die Folgen
die sich einstellen übermorgen
wenn Zuhaus im Heimatstaat
nur noch wächst der Kopfsalat
den der Arme nicht mehr zahlt
weil er auch am Öl schon spart.

Der Reiche aber schmiert noch weiter
sein Leben bleibt meistens schön heiter
auf der langen Karriereleiter
die auch ihn zum Ende führt
wo er andere Zinsen spürt.

Sie(h) Men's World 2007 etc.

Pech gehabt, Ihr großen Jungs,
diesmal flogt Ihr mit lautem Rums
aus den höheren Etagen
tief hinab ins Feld der Pagen
die brav dienen im Hotel.
Als Gast ging es Euch nie zu schnell
wenn Ihr weite Reisen machtet
habt Ihr kleine Leut' verachtet.

Deren Mitleid ist stark begrenzt
es bleibt Euch der Mercedes Benz –
und das Häuschen in dem Grünen
wird den Schmerz bestimmt versühnen
sollte einer durch Gitterstäbe
seine Frau im Jubel wähnen.

Oder müsste sie ihm danken,
dass mit niederen Gedanken
er behauptet, es war ihr Wunsch
auch mit Hilfe von Bestechung
zu bezahlen die Haushaltsrechnung?

Ein Staatsurlaub würde jetzt helfen
darüber etwas nachzudenken
welche Kräfte die Erde lenken.

Schwäbisches Konzert

Ja so ebbes, des isch net dumm
I darf umsonscht ins Publikum
die Karte wurde mir geschenkt
da g'hört sich's freilich, dass mer rennt
des isch was guts für die Kultur
von der han I a kloine Spur
obwohl I alle Tag grad' schaff'
und ständig s'Loch im Budget klafft.

Beim Eintritt in die große Halle
drückt am Schuh die gold'ne Schnalle
des kann I no ganz gut verschmerze
weil mer glei schtill sitze werde
die Leut ringsrum die schwätze, dass
die Künschtler han koi deutsche Pass
sie aber ganz besonders sind
angeblich weiß des jedes Kind
mer gucket schnell ins Programm naa
bisher dafür koi Zeit net war.

Des Licht vergeht und nachher steht
im Anzug des Orchester da
in weisse Hemde, schee gebügelt
so viel Reinheit, die beflügelt
und die Schuh sin all aus Lack
nur die passe zu der Jack.

Vorn schteht einer, der isch wichtig
denn nur er verschteht es richtig
wie mer zügig vorwärts denkt
und damit die andere lenkt.

Bei der Musik vom Don Quischot
denk I an des harte Brot
des der Mensch verdiene muss
bis die Weisheit kommt zum Schluss
die wird gespielt von dem Cellischt
sein Ton der allerschönste ischt.

Der Bratschist war au sehr gut
vor dem zieht mer glei den Hut
so ruhig war sein Adagio
da denke mer no lang dro.

– Des näxte Schtück haut mi fascht um –
der junge Pianischt sitzt krumm
und fuchtelt auf den Tasten rum
bis alles sich total erschreckt
die ält'schte Oma hätt der g'weckt.

Danach schpielt er ganz lieb und sanft
die ganze Spannung wird entkrampft
zum Schluss beim mutigen Furioso
springt er schnell auf, es war grandioso
sogar der dünne Komponischt
bedankte sich beim Pianischt.

Mei Ohre nun die Pause brauche
viele Leut müsse jetzt rauche
ihre Nerve sin strapaziert
andere suche im Geviert
einen Schtand mit etwas Wein
kurz danach geht's wieder rein

zu dem Stück vom Sorgenvogel
I muss sage, ungemogelt
schwebe konnt' die Melodie
aber leider weiß mer nie
wann der laute Abschturz kommt.

Trotzdem hat es sich gelohnt
des Programm sich anzuhöre
und es würd' beschtimmt net schtöre
wenn mehr Jugend sich dort fände
für die hallten laut die Wände
bei den Pauken und Trompeten
wohingegen an den Flöten
sich die Älteren nicht störten
weil sie die vielleicht kaum hörten.

Die Künschtler heute waren's wert
dass mer sie überall verehrt
wenn mir sonscht schlafe auf dem Kisse
weiß mer, dass die schaffe misse.

Am Ende gab's Blumen und Jubel
und an der Gard'robe viel Trubel
es trat mer noch einer auf d'Füß
mei Schuh sin hin, des isch g'wieß

Dann isch mer eilends heimwärts g'rennt
damit mer morgens net verpennt
und viele Woche war's no klar
die Kunscht mal wieder Schpitze war!

Marianne B. König

Anna-Maria Kromm

Anna-Maria Kromm, geboren im Jahr 1992. Nach der Grundschule Besuch des Röntgen-Gymnasiums in Würzburg. Entstehung der ersten Geschichten und Gedichte im Alter von neun Jahren. Mein Lebensmotto, wie es in einem meiner Gedichte beschrieben ist: »Versuch es, du wirst sehen: was zählt sind nicht Erfolge, allein das Schaffen bleibt bestehen, der Stimme deines Herzens folge.«

»GEDICHTE BESCHREIBEN TRÄUME, DIE IN DER SEELE DES MENSCHEN VERBORGEN SIND.«

Herbstzauber

Glitzernder Nebel umhüllt die Luft
Im hellen silbernen Mondenschein,
Es kommt der Morgen, mit ihm des Taues Duft,
Der Nebel scheint noch im Schlaf zu sein.

Die Sonne steht mühsam und schläfrig auf,
Goldene Blätter stiehlt der Wind von den Bäumen,
Bald schon nimmt der Tag wieder seinen Lauf,
Und der Nebel ist erwacht von seinen Träumen.

Sieh dir diesen Herbsttag an,
Diese Schönheit, diese Pracht,
Bevor der Winter sie verjagen kann,
Denn schon bald hat er die Macht.

(Oktober 2005)

Wintermorgen

Der Winter nimmt langsam seinen Lauf,
Mit Schaum bedeckt sind Felder,
Die blasse Sonne steht gähnend auf,
In Silber fliesen Wälder.

Unendliche Stille liegt in der Luft,
Zucker glitzert auf den Bäumen,
Man spürt des kühlen Nebels Duft,
Die Welt ist noch in süßen Träumen.

(26.02.2006)

Sommernacht

Wie schön war das,
Als die Sonne sich schlafen legte,
Und die Nacht ihren Schleier fallen ließ.
Als der Wind die Kronen der Bäume bewegte,
Und kühle Luft zur Erde blies.
Als ein leichter Regen fiel,
Und ein Sturm durch alles flog,
Als der Blitz mir sehr gefiel,
Und den Donner mit sich zog.

(30.07.2006)

Mein Herz ist leicht und froh und frei,
Oh Herbst, ich danke für dein Kommen,
Dein strahlendes Gesicht hab ich vernommen,
Mein Herz ist leicht und froh und frei.

Oh Herbst, ich danke für dein Kommen,
Ich möchte fliegen, tanzen, schweben,
So glücklich war ich nie im Leben,
Oh Herbst, ich danke für dein Kommen.

Dein strahlendes Gesicht hab ich vernommen,
Denn du hast mich belebt, hast mich geweckt,
So hab ich deines goldnen Atems Pracht entdeckt,
Dein strahlendes Gesicht hab ich vernommen.

(20.09.2007)

Des Herbstes Schleier

Des späten Herbstes kalter Schleier,
Der selbst um Mittag von der Sonne nicht vertrieben,
Schläft auf den Wiesen und dem Weiher,
Bis in die Nacht hinein ist er geblieben.

Am Abend, als die Sonne voller Röte,
Sich müde und geschlagen schlafen legte,
Blieb er beständig, ohne große Nöte,
Da er sich jetzt nicht mehr bewegte.

Und in der Nacht, die Luft von neuem füllend,
Verlockt er und verführt er stets zu Träumen,
Den letzten Hauch von Wärme kühlend,
Verharrt er schlafend unter Bäumen.

(01.11.2007)

Herbst, an deinen windigen Tagen
Lässt es sich denken so leicht,
Die Gedanken vom Winde getragen
Schaukeln einem goldnen Blatte gleich.

Herbst, an deinen sonnigen Tagen
Lässt es sich träumen so leicht,
Die Träume von Strahlen getragen
Schweben der goldnen Lüfte gleich.

Herbst, an deinen nebligen Tagen
Lässt es sich sehnen so leicht,
Die Sehnsucht vom Schleier getragen
Schläft der tiefen Wolken gleich.

(12.10.2007)

Den Tod, den jeder in sich trägt,
Jeder Gedanke an ihn wird verdrängt,
Besonders die, die noch so jung, so schön, so klug,
Und voller Anmut in den Himmel blicken,
Es sollte doch genügen nur zu wissen,
Dass welche, die sie heut noch auf die Stirne küssen,
Vielleicht schon Morgen nicht mehr sind.

Deshalb erfreu' dich deiner jungen Tage,
Genieße jeden Augenblick,
Der Tag wird kommen, da auch dich verlässt das Glück,
Und da du küssen wirst die deinen,
In denen deine Seele bleibt in Ewigkeit,
Obgleich sie dich auch bitterlich beweinen.

(25.08.2009)

Denk an mich

Wenn dein Herz sich wund in Sorgen mühet,
Und der Kummer mehret deine Qual,
Wenn des Lebens Flamme nicht mehr glühet,
Denk an mich, und sei's auch nur dies eine Mal.

Denkst du einst an mich, so schwinden deine Schmerzen,
Denk an mich dann wie an einen Freund,
Welcher stets begleitet dich in deinem Herzen,
Welcher mit dir trauert und sich mit dir freut,
Welcher insgeheim sich wünscht,
Stets bei dir zu sein,
Wenn du immer an ihn denkst,
Bist du nie allein.

(28.06.2010)

Regengusszauber

Ich lieb des Sommers starken Regen,
Wenn alles Grüne nass in nass gemalt,
Der trocknen Hitze kommt entgegen,
Das lange Warten hat sich ausbezahlt.

Auf allen Straßen eilt in Strömen,
Des nassen Regens kalter Fluss,
Gott will die Erde heut verwöhnen,
Die jedermann bezaubern muss.

Horch auf! Das Tropfen der Natur,
Der Regengüsse nun Vollendung,
So himmlisch klingt das Tropfen nur,
Wenn es dir schickt geheime Sendung.

Und tritt die Sonne in Erscheinung,
So steigt empor der feuchten Erde Dampf,
Des Himmels mit der Erde Einung,
Die nun vereint sind durch den Kampf.

(03.08.2010)

Minnelied

Hin sind stille Nächte,
Hin ist alle Ruh,
Hin sind süße Träume,
Hin ist Schlaf im Nu.

Statt im Land der Träume,
Bin ich in Gedanken,
Statt im Land der Schäume,
Mir die Kräfte schwanken.

Denke Tage, Nächte,
Immer nur an dich,
Ach, ihr finstren Mächte,
Helft mir zu erobern dich.

Sah in deinem Blicke,
Sanftmut, Stolz und Güte,
Kostete vom kleinen Glücke,
Als es erst erblühte.

Sah in voller Blüte,
engelhaftes Wesen,
dessen Herz nur glühte,
um mich zu genesen.

Lichterlohe Flammen,
Fingen bald ihr Herz,
Um es zu entflammen,
Nahmen ihr den Schmerz.

Nahm zum Eigentume,
Sie in meine Macht,
So wie einer Blume,
Wundervolle Pracht.

(04.08.2010)

Der Weg ist das Ziel

Lebenslanges Lernen,
Lebenslanges Streben,
Doch wonach wir streben,
Kann man nicht erlernen.

Das, wonach wir streben,
Ist bereits in uns,
So wie unser Leben,
Ist in unsrer Kunst.

So erhält das Leben,
Seinen tiefren Sinn,
Durch das ewige Streben,
Zu dem Ziele hin.

Jeder strebt sein Leben lang,
Jenes zu erreichen,
Vor dem Ziel ist ihm nicht bang,
Er will Göttern gleichen.

Das Göttliche, dies ist sein Ziel,
Es zu erlangen braucht's nicht viel,
Das Göttliche ist auch der Weg,
Welcher dem Ziele gleicht,
Das Göttliche ist auch der Steg,
Der bis zum Ufer reicht.

Jene, die steh'n am andern Ufer,
Haben ihr Ziel erreicht,
Jene, die gehen bis zum Ziele,
Haben es schon erreicht.

Man muss nicht erst nach etwas suchen,
Was man bereits besitzt,
Die Götter muss der nicht besuchen,
Der unter ihnen sitzt.

(05.08.2010)

Der Nebel hinterließ Diamanten
Auf den Blättern der Bäume,
Doch schwinden sie bald
Und sind nur noch Träume

In den Köpfen der Menschen
Die sie betrachtet und bewundert,
So schwindet die Zeit,
Ein ganzes Jahrhundert

Vergeht an nur einem Tag,
An dem der Schleier fällt
Und Wunder der Erde uns zeigt
Was uns gefällt,

Da wir die Welt betrachten
Und ihren Zauber bald erkennen,
Wir werden alle auf sie achten
Und jeden Zauber neu benennen.

(22.11.2011)

Im Zauberwald, im Märchenreich,
Da wär ich manchmal gerne,
Wo Feen schweben um den Teich,
Wo funkeln tausend Sterne.

Wo Blumen öffnen sich bei Nacht
Auf denen Elfen tronen,
Wo Harfen spielen für mich sacht
Auf silbernen Balkonen.

Dort wo der Mond den Traum bewacht
Der wie ein Bach dahinrauscht,
Dort wo die Poesie erwacht,
Der selbst die Muse lauscht.

(08.11.2011)

Kerzen

Mit goldenen Perlen weinen die Kerzen,
Verbreiten weihnachtlichen Duft,
Es ist als kennen sie unsere Schmerzen,
Und bringen Ruhe in die Luft.

Vertreiben düstere Gedanken,
Und lassen Frohsinn aufersteh'n,
Sie brechen einengende Schranken,
Und lassen Freude nur entsteh'n.

An Tagen, die uns heilig sind,
Segnen nur sie uns jedes Fest,
Es freut auf sie sich jedes Kind,
Das Schicksal zeigt uns nur ihr Rest.

(08.12.2011)

Des Vollmondes silberne Strahlen erhellen die Nacht,
Das Rauschen des Meeres erklingt in der Ferne,
Den Himmel benetzen tausend Sterne,
Es öffnet sich der Erde Pracht.

Ein Hauch von Geheimnis umgibt das Meer,
Es glänzt im magischen Mondenschein,
Paläste scheinen darin zu sein,
Sie spiegeln das Licht so sehr.

Vertreiben wird der Tag die Nacht,
Bewahr' den Glanz vergangner Zeit,
Und hüte ihn in Ewigkeit,
Noch ist die Sonne nicht erwacht.

(11.12.2011)

Ewige Blüte

Wie die Knospe wird zur Blüte
Erblüht die schönste Tugend
Meist in der frühen Jugend,
Gekrönt von sanftem Gemüte.

Die Weisheit bleibt dem Alter überlassen,
Sie reift heran erst mit der Zeit,
Erfahrung prägt sie und die Einsamkeit,
Erinnerungen teils verblassen.

Die Liebe allein blüht ewiglich
Dein ganzes Leben in voller Pracht,
Der Tod erblasst vor ihrer Macht,
Sie lässt dich nie im Stich.

(25.04.2012)

Die roten Segel

Das Meer ist still, kaum schäumt die Welle,
Als Morgenrot durch eine Wolke bricht,
Aus Nacht wird bald schon Tageshelle,
Der Himmel ist schon voller Licht.

Wie aus dem Nichts entsteigt ein rotes Segel aus dem Meere,
Das ganze Schiff zeigt sich in weißer Blütenpracht,
Es fährt durch stille, flache Wüstenleere,
Und hält vor'm Ufer an ganz sacht.

Es kommt ein Boot geschwommen zu dem Strande,
Der Prinz holt zu sich seine Braut,
Nicht lange steh'n sie an des Schiffes Rande,
Das junge Paar wird bald getraut.

(06.02.2012)

Magnolienblütenkleid

Ein Meer aus weißer Blütenpracht,
Ein Kleid wie Meeresschaum
Umhüllt den Magnolienbaum,
Der nun vom Traum erwacht.

Die Knospen öffnen sich getaucht in Licht,
Ein Hauch von wunderbarem Duft
Liegt in der frischen Morgenluft,
Dies Schauspiel ist wie ein Gedicht.

Oh Herr, wie soll ich jemals danken
Für die Natur die du erschaffen,
Die Blütenpracht die du geschaffen,
Sie bleibt mir stets in den Gedanken.

(17.04.2012)

Der Traum

Am Fenster träumt ein junger Dichter,
Im Saal sieht er sich dreh'n im Tanz,
Er sieht im Dunkeln tausend Lichter,
Die Welt erstrahlt in neuem Glanz.

Und plötzlich schwinden alle Wände,
Und er sieht blüh'nde Bäume steh'n,
Sie nehmen sich nun an die Hände,
Und wollen dort spazieren geh'n.

Doch kommen sie alsdann zum Meere,
Und sehen Muscheln dort am Strand,
Und plötzlich sieht er nur noch Leere,
Und spürt auch nicht mehr ihre Hand.

Am Fenster träumt ein junger Dichter,
Und sieht nun wieder alles klar,
Er sieht der Sterne kleine Lichter,
Und denkt: Der Traum wird einmal wahr!

(11.03.2012)

Der Dichter

Mond ist längst zu Bett gegangen,
Doch der Dichter schläft noch nicht,
Ist vom Zauberblick gefangen,
Schreibt noch immer sein Gedicht.

Schreibt von einem Mädchenblicke
Der sein Herz verwundbar machte,
Schreibt vom großen Lebensglücke,
Das er schon gewonnen dachte.

Schreibt von Stürmen auf dem Meere,
Von unendlich großer Liebe,
Da sein Herz gefangen wäre,
Und es lange Zeit noch bliebe.

Doch zerronnen ist das Glück,
Gern würd' er im Traume bleiben,
Nichts blieb ihm von ihr zurück,
Außer dem Gedichteschreiben.

(16.04.2012)

Im Vollmondscheine sang ein Paar
In einer Gartenlaube,
Von Liebe, wie sie damals war,
An die man heut' noch glaube.

Es sang vom Wunder durch den Blick
Wie man es damals kannte,
Es sang vom holden Lebensglück
Das man auch Liebe nannte.

Doch plötzlich wurde es ganz still,
Da sie sich in die Augen schauten,
Und keiner weiter singen will,
So schwiegen auch die Lauten.

Vor Freude rollten Tränen
Über der beiden Wangen,
Da sie, was sie erwähnen,
Auch selber nicht bezwangen.

(26.04.2012)

Liebe

Von Dichtern schon so oft besungen,
Gemalt von Künstlern und beschrieben,
Doch mir ist es noch nicht gelungen,
Denn du bist mir stets fern geblieben.

In Märchen bist du mir begegnet,
In Liedern hab ich dich erkannt,
Und Menschen haben mir entgegnet:
»Wonach du suchst ist uns bekannt.«

So muss es dich doch wirklich geben,
Bestimmt lässt du mich nicht im Stich,
Du wirst begegnen mir im Leben,
Auch ich werde besingen dich.

(04.06.2012)

Otto Kudrus

Otto Kudrus wurde am 05.07.1930 in Essen geboren und ist bei seinen Großeltern in Freising aufgewachsen. Schon früh entdeckte er sein Faible für das Schreiben. Als Bundesbahnbeamter i. R. lebt er heute in der alten Domstadt Freising.

»GEDICHTE BEINHALTEN WEISHEIT UND ABLAUF DES LEBENS!«

Tausendschön und Jäger Gundermann

Tausendschön und der Jäger Gundermann,
ihn hat's gepackt, so fing bei ihm die Liebe an.
Täglich ging er vorbei am Fenster ihrer Kammer,
sie erhört ihn nicht, es war ein Jammer.
Nachts legt er Blumen an die Schwelle ihrer Tür,
solche, die hoch im Felsen wachsen, nach Jägers Manier.
Doch Tausendschön dankt nicht, sie hatte ein kaltes Herz,
wie war der Gundermann voller Liebesschmerz.
Zuletzt klopfte er ans Fenster, er fasste Mut,
so wie man es als letzten Ausweg als Liebender tut.
Komm, sagt er, lass mich nicht vor deinem Fenster stehen,
wir wollen doch zusammen in den Garten gehen.
Da meinte Tausendschön, in den großen Garten?
Es ist kühl, ich hab keinen Mantel, deswegen kannst du lange warten.
Die Ablehnung verursachte dem Jäger großen Schmerz,
er lud die Büchse und sammelte Pelze für sein liebes Herz.
Gundermann schoss auf des Iltis gelbes Kleid,
auch den roten Fuchs traf er mit Sicherheit.
Den schönen schneeweißen Hermelin
ließ Gundermann auch nicht ziehn.
Und eh er sich's versah,
war vergangen schon ein Jahr.
Der Winter kam, mit dem Frühling der Föhn,
und da hieß das Mädchen nur noch Hundertschön.
Du bist mir immer die Liebste, versprach Gundermann,
ach lass uns zum Tanzen gehen so dann und wann.
Tausendschön sprach: lass mich in Ruh,
ich bin barfuß und hab' keine Schuh.
Da ließ der Mann Felle gerben, Leder von Hirsch und Reh,
die Schuhe passten exakt, taten nicht weh.

Farbige Säume mit grünen Spitzen – Schuhe nach Maß,
damit Tausendschön nicht barfuß stehen muss im Gras.
Nun konnte ja nichts mehr Abweisenden geschehen,
darüber musste ein weiteres Jahr vergehen.
Das Frühjahr kam, die Wolken geschwinde zogen,
die Jungfrau Tausendschön – der Name war verflogen.
Sie nur noch Fräulein Dutzendschön hieß,
der Jäger Gundermann nicht locker ließ.
Er meinte: willst du meine Allerliebste sein,
so lasse mich geschwind in deine Kammer ein.
Da verneinte Tausendschön: mein Bett ist schmal,
alleine möchte ich schlafen, komm ein andermal.
Der Jäger: werd ich die Jungfrau je verstehen?
Ich werd wohl über die hohen Berge gehen.
Im Zorn er endgültig verschwand,
er war jetzt in einem ganz anderen Land.
Dort hatte er Vergnügen und viel Spaß,
worüber er Tausendschön oder Dutzendschön vergaß.
Allein saß sie nun in ihrer kleinen Kammer,
die Jugend endgültig vorbei, welch ein Jammer.
Ihr Spiegel sagte: du bist nun Nimmerschön
und alltäglich hör ich dein jämmerlich Gestöhn.
Sie dachte an Gundermann Tag und Nacht,
oh weh – was hab ich nur mit ihm gemacht?
Jetzt ginge ich gern in den Garten,
ließ auch zum Tanz nicht auf mich warten.
Sie dachte ein ums andere Mal,
jetzt wär' mein Bett auch auch nicht zu schmal.
Als weg war der letzte Schnee,
rennt sie zu Jägers Jagdhütte – oh weh.

Dort legt sie Wiegenkraut ganz frisch
in des Jägers verlassene Hütte auf den Tisch.
Und wiederum verging ein langes Jahr,
ans Fenster stellt sie nur Wehblumen, fürwahr.
Über Tränen und viel Schmerz
da brach ihr wehes Herz.
Einmal trug sie noch einen Kräuterstrauß in den Wald,
es war Männertreu – danach verstarb sie bald.
Bald darauf, als dies geschah,
war der Jäger – jetzt fröhlich – wieder da.
Jetzt dachte der Jäger Gundermann,
ich fang mit Tausendschön von vorne an.
Er wollte nun mit ihr keine Stund' mehr versäumen,
doch er fand sie welk und tot unter Bäumen.
Sie können nie zusammen blüh'n,
Gundermann und Tausendschön.

Das Schimmi-Drama in Osterwal

Da Schmied Lallinger vom königlichen Leibregiment,
in Osterwal sitzt er im Wirtshaus drent.
Am selben Tisch sitzen noamal zwoa,
damit der Schmied net is alloa.

Es ist der Bauer mit seinem Knecht,
den Schmied ziag'ns auf, des war net recht.
Sie red'n: des wird dir einfach net gelinga,
bei unserm kitzligen Schimmi a Hufeisen anz'bringa.

Wie da Schmied des hört, da lachta,
de Sach is doch garnix, ja, de machta.
Voller Wuat verschwinden jetzt Knecht und Bauer
und legen sich beim Austragshaus auf die Lauer.

So viel Grimm haben's im Bauch,
bloß weil der Leiba sagt, den Schimmi b'schlagt er auch.
Beim Hoamgeh kann's der Lallinger noch garnet fassen,
warum Bauer und Knecht so schnell das Wirtshaus ham verlassen.

Beim kloana Haus, wo de alt' Bäuerin im Austrag,
trifft den Schmied scho vo hint da erste Schlag.
Vom ersten Schlag haut's den Schmied glei hin,
mit da Zaunlatt'n, wo's schlag'n, war a rostiger Nagel drin.

Da rostige Nagel is in's Hirn einidrunga,
sonst hätten die Meuchler den Schmied net bezwunga.
Da Schmied is tot, er fällt auf's G'sicht,
des is fast des End vo dera G'schicht.

Da Schlammlinger-Bauer und sein böser Knecht,
Zuchthaus ham's kriagt, des war gerecht.
Und da Knecht is im Zuchthaus nacha glei g'storb'n,
als oider Mo kommt da Bauer hoam, is aber nimmer word'n.

Jetzt Leidl, horcht's nur glei no zua,
da Schmied der find't im Grab koa Ruah.
Am Todestag beim Kirchturmuhr-Mitternachtsgebimmel
steigt er mit der Leibauniform auf den Schimmel.

Seinen Kopf trägt er unterm Arm
voller Verdruss und Gram!
A alter Bauer kommt grad vom Wirtshaus raus,
bekreuzigt sich und nimmt schnell Reißaus.

Ja, der Lallinger reitet bis zum ersten Sonnenstrahl,
dann verschwind't er hinta da Kirch zu Osterwal.

Christel Lubjan

Christel Lubjan, geboren in Herne/Westfalen, begann ihre Ausbildungsreise: acht Jahre Volksschule, drei Jahre Berufsfachschule, zwei Jahre Private Handelsschule und ein Jahr Englandaufenthalt, um endlich als ausgebildete Sekretärin der Arbeitswelt zur Verfügung zu stehen. Stationen der Arbeitsreise waren das Präsidium des Deutschen Roten Kreuzes, Bonn, der Deutsche Bundestag, Bonn, bis zur Endstation Europäische Kommission, Brüssel. Im »zarten Alter von fünfzig« entdeckte sie die Liebe zur »Wortakrobatik«. Ihr Buch »Mein köstlicher Wortsalat« erschien 2012 in der edition fischer.

»GEDICHTE SIND WIE SPRUDELNDES QUELLWASSER FÜR DURSTIGE LESERSEELEN.«

Ein neues Leben

Ein flottes Spermium klopfte an die Eizellentür und rief:
»Lass mich hinein, ich will neues Leben produzieren.«
»Na klar, komm rein, kannst bei mir bleiben
und mir helfen bei der Zellverbreitung.«
Nach neunmonatiger Arbeitszeit war es dann soweit,
sie drückten ein gut erzeugtes Baby
hinaus in sein eigenes neues Leben.

Freundschaft

Dauert sie einen Monat, einen Sommer, ein Jahr oder für immer?
Jeder muss es selbst herausfinden.
Freundschaft ist eine besondere Sprache von Gefühlen,
die nur verstanden wird zwischen zwei verbündeten Seelen.

Das Gute und das Böse

Das Gute und das Böse trafen sich auf dem Wege.
Das Böse keifte ihm entgegen:
»Was machst du hier in dieser Gegend?«
»Ich suchte dich und möchte dich führen
auf den Weg der Toleranz, Verständnis und Güte,
und je länger du gehst auf diesem Pfad,
verschwindet die Wut, die Rache, der Hass.«
Doch hat sich das Böse überreden lassen?
Die Antwort, lieber Leser, möcht' ich dir überlassen.

Freude

Ich stand an einem Bache,
als ich hörte ein helles Lachen
und beim Weitergehen
sah ich sie unter einem Baume stehen.
»Komm«, rief ich ihr zu, »begleite mich,
du bist die Freude, ich erkenne dich,
bleib' bei mir, verlasse mich nicht,
denn dein strahlendes Gesicht
macht mich unendlich glücklich.«

Der Frühling

Man verspürt einen milden Hauch in der Luft,
ein süßer voller Duft will sich ausbreiten
in die Höhe, in die Weite.
Die Natur aus dem langen Schlaf erwacht,
die Sonne voll aus dem Halse lacht.
Ein kleiner Vogel gähnt und streckt sein Gefieder
und übt schon leise seine ersten Lieder.
Der Kuckuck stellt sich auch schon vor,
Amsel, Drossel und Finken singen mit im Chor.
Die Blumen wiegen sich in ihren bunten Kleidern
und öffnen unsere Herzen wie ihre Blütenblätter.
Im Wald, im Feld, in den Wiesen, im Busch,
es kriecht, springt, hoppelt, läuft oder huscht.
Hast du es noch nicht vernommen?
Die Boten des Frühlings sind angekommen.

Der Sommer

Wenn die Sonne kreist auf ihrer höchsten Bahn,
kündigt sich der Sommer an,
mit einem Kleid aus blauer Seide
präsentiert er sich von seiner schönsten Seite,
auf seinem Haar glitzern goldene Strahlen,
die wie Wellen auf die nördliche Hemisphäre fallen,
die Wärme, die er damit verbreitet,
ist sein bestes Geschenk, das er uns bereitet,
uns Menschen zieht es hinaus in die schöne Natur
und selbst die Tiere jubeln im Wald und auf der Flur,
alle Kreaturen, seien es die Jungen oder die Alten,
wünschen, dass der Sommer bleibe recht lange erhalten.

Der Herbst

Wenn die Blätter fallen von den Bäumen,
ja, dann fang' ich an zu träumen
von der schönen Sommerzeit,
wo es überall leuchtete weit und breit,
von den grünen Wiesen, den bunten Blumen
und die Vögel suchten nach ihren Krumen,
wo es überall zwitscherte, summte oder sang.
Hörst du noch den fernen Klang?
Wo ist diese Zeit geblieben?
Der Herbstwind hat sie vertrieben,
er fegte heftig über Wiesen und Grund,
mir bleibt nichts als die Erinnerung.

Der Winter

Ein kalter Wind weht von Nord nach Süd
und nimmt die laue Luft des Herbstes mit.
Die Natur hat sich zur Ruh' gesetzt
und träumt vom nächsten Frühlingsfest.
Von Wolken gepuscht auf sanfte Weise
machen Schneeflocken ihre erste Reise,
ganz sachte sie hinunterschweben,
bedecken Dächer, Gärten, Straßen und Wege,
einige tanzen noch schnell einen Reigen
bevor sie sich festhalten an Tannenzweigen.
Väterchen Frost steht auch vor der Tür
und bittet um Einlass, will mitagieren,
er verwandelt Flüsse und Seen in Eis,
malt Blumen an Fenstern, mal große, mal kleine,
doch seine Kälte kann man nicht lange genießen,
man spürt sie bald an Händen und Füßen.
Schlittenglöckchen läuten durch den Winterwald
und kündigen an die kalte Jahreszeit.

Die Farben

»Welche Farbe hat die Welt?«
Diese Frage wurde mir von einem Blinden gestellt.
»Die Welt ist bunt an allen Orten«,
so beschrieb ich es ihm mit einfachen Worten.
»Die Wiesen sind grün, die Sonne ist gelb, der Himmel ist blau,
die Blumen leuchten in allen Farben,
sei es hoch in den Bergen oder sei es in der Au,
es herrscht ringsherum eine Harmonie, wo man hinschaut.
Doch unter den Menschen ist es nicht so gut bestellt,
sie streiten oder schlagen sich,
nur weil ihre Haut ist rot, braun, schwarz oder gelb.
Warum können wir nicht in Harmonie zusammenleben,
dann hätten wir schon hier auf Erden den Garten Eden.«

Warum?

Ein Kind ist noch lange nicht dumm,
wenn es zum hundertsten Male fragt: »Warum?«
Bedenklich wird's, wenn seine Seele wird stumm
und wir uns dann fragen müssen: »Wieso, weshalb, warum?«

Der Farbige

ICH –
Als ich geboren wurde, war ich schwarz,
wenn ich wütend bin, bin ich schwarz,
wenn ich neidisch bin, bin ich schwarz,
wenn ich friere, bin ich schwarz,
wenn ich krank bin, bin ich schwarz,
wenn ich tot bin, bin ich schwarz.
DU –
Als du geboren wurdest, warst du rosa,
wenn du wütend bist, wirst du rot,
wenn du neidisch bist, wirst du grün,
wenn du frierst, wirst du blau,
wenn du krank wirst, wirst du bleich,
wenn du tot bist, wirst du grau.
Nun frage ich dich:
»Wer ist hier der Farbige?«

Der Ball

Er ist beliebt bei Groß und bei Klein,
er wird gehetzt und gejagt tagaus und tagein,
er fliegt ab und zu durch das Fenster in den Keller
und bei großen Spielen ist er der Hauptdarsteller.
Doch was machen wir mit unserem Erdball?
Er wird solange getreten und geschunden,
bis es irgendwann kommt zum großen Finale,
und wenn wir dann sitzen im finsteren Keller,
dann fragt uns nur EINER:
»Was habt ihr gemacht mit meinem Hauptdarsteller?«

Nachricht: ... SOS ... SOS

Hallo, du Junge aus der Ersten Welt,
hier schreibt ein Junge aus der Dritten Welt.
Ich wollte dir schon immer berichten,
wie es mir geht und worauf ich muss verzichten.
Du kannst in einem weichen Bette schlafen,
ich dagegen muss auf hartem Boden schlafen.
Du kannst Sachen anziehen, die du magst,
ich muss herumlaufen, wie die Natur mich erschaffen hat.
Du bekommst sogar zum Frühstück ein Ei,
ich vielleicht ein bisschen Hirsebrei.
Du darfst dann zur Schule gehen,
ich muss mit Schafen und Ziegen in die Einöde ziehen,
und während du über deinen Hausaufgaben brütest,
muss ich unter sengender Sonne die Herde hüten.
Wenn du Durst hast, kannst du frisches Wasser trinken,
während ich hier nur stinkende Tümpel vorfinde.
Du kannst Fahrrad fahren durch Straßen und Gassen,
ich muss aber auf meine zehn Geschwister aufpassen,
und nachts muss ich mir anhören deren Gewimmer,
während du Popmusik hörst in deinem eigenen Zimmer.
Schimpfe nicht, wenn es bei dir gibt mal trübe Tage,
du brauchst wirklich nicht über dein Leben zu klagen,
denk' lieber nach, warum so viele Kinder in der Dritten Welt
so erbärmlich leben müssen, während du im Wohlstand lebst.
Meinst du, dass es gerecht zugeht in unserer Welt?

Krieg

Seit Tausenden von Jahren regieren nur Krieg, Hass und Gewalt.
Sind unsere Gehirne durch die Gewalt schon so verkalkt,
dass wir nicht merken, wie die Welt wird öde und kalt?
Im Buch der Bücher heißt es:
ES WERDE LICHT.
Wie viel tausend Jahre müssen noch vergehen,
bis dieses Licht auf ein Gehirn trifft?

Angst

Ich spüre sie zuerst ganz leise und sacht
und weiß, sie kommt näher, die unheimliche Macht,
wohin ich auch laufe, wo ich mich verstecke,
sie wird mich doch immer wieder entdecken,
umklammert mich dann wie ein Krake mit ihren Armen
und will mich erdrücken, erwürgen, erlahmen,
ich stemme mich dagegen mit all meiner Kraft,
doch sie ist stärker, sie hat es geschafft,
mein Herz rast, meine Stimme versagt,
mir fließt der Schweiß aus allen Poren,
der Boden wird mir unter den Füßen weggezogen,
ich höre triumphierend ihre Stimme in meinen Ohren:
»Du hast schon wieder verloren, verloren, verloren.«

Der Regen

Am nächsten Morgen wacht man auf
und traut seinen Augen kaum,
dunkle Wolken sind am Firmament,
nach denen man hat sich solange gesehnt,
und plötzlich geht es Schlag auf Schlag,
große Tropfen fallen auf den Asphalt,
es gießt und strömt mit voller Kraft,
als hätte der Himmel die Tore aufgemacht,
die Bäche murmeln, die Flüsse gurgeln,
es geht ein Rauschen durch Wald und Flur,
erleichtert atmet auf die Natur,
erfrischend empfindet man nach der Hitze die Kühle,
die sich ausbreitet wie ein Adler seine Flügel,
doch regnet es unaufhörlich tagaus, tagein,
dann sehnt man sich wieder nach Sonnenschein.

Die Hitze

Wenn ...
die Sonne heftig brennt auf unsere Erde,
so dass der Kreislauf macht uns Beschwerden,
die Luft dann einfach stehen bleibt
und ist zu keinem weiteren Schritt bereit,
an diesen langen schwülen Tagen
die Temperaturen steigen bis zu 40 Grad,
dicke Schweißperlen rinnen von der Stirne
und langsam vertrocknen unsere Gehirne,
kleine Tiere sich in ihren Löchern verstecken
und die Großen aufsuchen schattige Plätze,
nach Wasser lechzen Sträucher und Pflanzen
und sich sogar verkrümeln Käfer und Wanzen,
auf Wiesen, in Parks und in den Gärten
sämtliche Blumen fangen an zu verwelken ...,
dann hat uns voll im Griff die große Hitze,
sie kennt keine Gnade, macht keine Witze,
sie lässt uns schwitzen, schwitzen, schwitzen.

Der Wind

Wenn der Wind hat schlechte Laune,
so hört man von ferne sein Sausen und Brausen,
dann will er uns zeigen seine große Kraft,
die er in seinen mächtigen Backen hat,
er holt tief Luft und bläst sie weit auf,
so dass das Unheil nimmt schnell seinen Lauf,
mit großem Geheul fegt er Dächer ab, entwurzelt Bäume
und pfeift laut durch Ritzen auf Böden und in Räumen,
doch ist er am Ende mit seiner Kraft und Puste,
verabschiedet er sich mit zynischen Worten:
»Donnerwetter, was musste ich heute aber husten!«

Die Stimme

Sie kann so warm und herzlich sein,
kann manchmal brüllen und auch schreien,
kann singen und schön klingen,
durch Lieder uns auch Freude bringen,
kann summen und auch brummen
und lässt uns auch verstummen,
artikuliert auf ihre Weise,
die eine laut, die andere leise,
kann lachen oder weinen,
durch Worte wieder uns vereinen,
dringt tief in unsere Herzen
und bringt uns ab und zu auch Schmerzen.
Was ist in unserer Kehle?
Sie ist das Sprachrohr unserer Seele.

Der Clown

Es gibt für den Clown nur eine Welt,
und das ist die Manege im Zirkuszelt,
er ist beliebt bei Groß und bei Klein,
er ist der Spaßmacher, die Zirkusnummer 1,
er schlägt Purzelbäume, schneidet Grimassen
und bringt das Publikum zum Lachen,
doch ist ihm dieser Spaß vergangen,
als sein bester Freund war für immer gegangen.
Die Show muss weitergehen, dachte er bei sich,
er stellte sich wieder ins Rampenlicht
und strahlte über das ganze Gesicht,
doch seine Seele weinte bitterlich.

Der Spiegel

Was muss ein Spiegel ohne zu klagen
doch einiges mit ansehen und ertragen,
denn schaut man tiefer in ihn hinein,
so hört man ihn aufschreien:
»Dein Gesicht ist verknautscht,
deine Haare sind zerzaust,
deine Augen sind verquollen
und die Nase ist geschwollen.«
Ist der erste Schreck dann überwunden,
geht es im Bad erst richtig rund.
Es wird sich geduscht, die Zähne geputzt,
für das Gesicht eine besondere Crème benutzt,
die Haare gekämmt, gestylt und getrimmt,
die Lippen dementsprechend geschminkt,
noch etwas Puder auf die Nase
und fertig ist man mit der Maskerade.
Doch schaut man erneut in den Spiegel hinein,
so fängt er schon wieder an zu schreien:
»Oh nein, oh nein, welch eine Pein
sind die entsetzlich krummen Beine.«
Aus lauter Frust schrei' ich zurück:
»Was bist du ein gemeiner Schuft!«

Der Wecker

Wenn der Morgen zieht herauf
und der Tag nimmt seinen Lauf,
steht er schon da, die Zähne gefletscht
und kann nicht abwarten, bis es ist halb sechs.
Meine Augenlider sind noch so schwer wie Blei,
ja, mein ganzer Körper streikt und sagt nein,
er dreht sich um auf die andere Seite,
als könnte er damit die letzten Minuten aufhalten,
doch schließlich er sich streckt und reckt,
zuerst mit den Beinen, dann mit den Armen,
und plötzlich kennt der Wecker kein Erbarmen,
er fängt an zu schreien, er fängt an zu toben,
so dass es dröhnt in meinen Ohren,
mit einem Satz spring' ich aus dem Bett
und sehe ein freches Grinsen in seinem Gesicht.
Auch wenn er jeden Morgen grölt und meckert,
so ist er dennoch mein lieber, guter, alter Wecker.

Die Gymnastik

»Heute ist ein großer Tag,
denn es wird was für die Muskeln getan«,
sagte mein Sportlehrer voller Elan.
Zuerst wurden die Zehen kräftig bewegt,
sie waren sehr gerührt, waren sehr bewegt,
meine Füße durften auch etwas tun,
denn sie sollten sich nicht dabei ausruhen.
»Jetzt sind wir dran«, sagten meine verrückten Beine
und strampelten schon ohne Kommando von alleine.
Ach, was freute sich mein lahmer Rücken,
durfte sich nach langer Zeit mal wieder bücken,
damit waren nicht einverstanden meine Knochen,
sie ächzten und stöhnten, als würden sie
schon stundenlang in einer Suppe kochen.
Auch wurde nicht verschont mein Bauch,
er war nur am Knurren:
»Gleich kommt das Essen wieder heraus.«
Es konnte nicht abwarten mein steifer Nacken
mal laut zu quietschen, laut zu knacken,
dabei die Schnute ständig plapperte,
so dass das Gebiss automatisch heftig mitklapperte.
Unverschämt fanden es meine Ohren,
wurden sie doch dermaßen breit- und langgezogen
bis sie sich schließlich abhoben und davon flogen.
Als mein Körper fing an sich zu recken,
meine Zunge sogar mithalf beim Strecken,
sie ist es doch nur gewohnt vom Eisschlecken.
Jedoch beschweren sich die Muskeln am nächsten Tag,
es war doch wohl gewesen für sie eine Plag,
sie seufzten nur noch mit allerletzter Kraft:
»Wie gut, dass wir nicht schuften müssen jeden Tag.«

Musik

Hoppla, wie die Noten auf dem Blatte springen,
es ist ein Gewühle, Gewimmel, Gedränge,
weil sich Cis, Fis, Gis dazwischen zwängen,
sie steigen die Leiter hinauf, sie steigen sie hinab,
bis jede Note ihren Platz gefunden hat.
Zum Einsatz kommen nun Musikinstrumente,
es sind Geigen, Flöten, Harfen, Cellos, Klarinetten,
sie sollen die Noten zum Klingen bringen
und sie verwandeln in schöne Melodien.
Sei es Klassik, Volkslied, Jazz oder Beat,
kein Mensch kann sich dieser Macht entziehen,
die wir nennen Musik, Musik, Musik.

Weihnacht

In dieser Zeit geht es hektisch zu in unserer Welt,
Geschenke werden gekauft oder per Internet bestellt,
der Umsatz muss steigen, es zählt nur das Geld,
den Sinn des Festes kennen wir schon nicht mehr,
dafür das Fest des Konsums umso mehr,
nur aus den Boxen schallt es laut in unsere Ohren:
»Freut euch, denn heute ist Christus geboren.«

Heilig Abend auf dem Feld

Auf dem Feld wird es still, der Tag geht zur Ruh,
die Tiere sind müde, ihre Augen fallen zu,
Schneeflocken wirbeln durch die Nacht
und bedecken die Erde mit ihrer weißen Pracht,
doch in dieser friedlichen Stille
wird's plötzlich hell und es ruft eine Stimme:
»Meine lieben Tiere, aufgewacht,
es ist schon wieder Weihnacht,
ich verkündige euch mit großer Freude,
dass ein besonderes Kind ist heute Nacht geboren,
es liegt in einer Krippe auf Heu und auf Stroh,
wer von euch will es sehen und sagen hallo?«
Noch ganz verschlafen blökte das Schaf:
»Ich werde dich begleiten,
um diesem Kind meine Ehr' zu erweisen.«
Ein Auge noch zu, das andere schon offen,
so brüllte der Ochse:
»Dieses Ereignis lass' ich mir nicht entgehen,
ich komme mit, das Kind will ich sehen.«
Der Esel riss weit auf das Maul und gähnte laut:
»Ich bin manchmal bockig, manchmal faul,
doch für dieses Kind mach' ich einen Marathonlauf.«
Ein Mäuschen, das sich versteckte
unter der weißen warmen Decke
lugte hervor und piepste mit voller Kraft:
»Nehmt mich mit, das Kind wird sich freuen,
wenn es mich als Gespielin hat.«
So machten sie sich gemeinsam auf den langen Weg,
dem hellen Stern folgend nach Bethlehem.
Und schaut man tief hinein in alle Weihnachtskarten,
so sieht man das Kind, ja, man hört es sogar lachen.

Weihnacht und Kristalle

Was haben sie gemeinsam?
Beide brennen hell bei Kerzenlicht,
erhellen die Welt in Winternächten.
Weihnachtsbäume sehen aus wie ein Regenbogen
und funkeln in allen Farben blau, gelb, grün und rot.
Kristalle schicken Strahlen vom Ozean in die Atmosphäre
und reflektieren sie wieder zurück auf die Erde,
sie verbreiten ihr Feuer, erwärmen unsere Herzen
und mit glücklichen Gefühlen wir flüstern:
»Oh ja, Weihnachten ist gekommen auf leisen Füßen.«

Ein Weihnachtstraum

Einen leisen Ton hörte ich aus der Sphäre,
Weihnachten will wieder kommen auf Erden.
Die Natur hat sich zur Ruh' gesetzt
und träumt vom nächsten Frühlingsfest.
Schneeflocken fallen sacht auf die Erde
und bedecken Dächer, Straßen, Wege und Gärten.
Fröhliche Kinder spielen im Schnee
oder fahren Schlittschuh auf dem See.
Tannenbäume können es kaum erwarten,
ihre neuen Weihnachtskleider zu tragen.
Ein junges Rentier will unbedingt finden
den Weihnachtsmann mit seinem Schlitten,
es erreicht nach einiger Zeit den Platz,
wo der Weihnachtsmann auf es gewartet hat.
Eilig fahren sie durch die Winternacht,
sie werden vom Mond und von Sternen bewacht,
der Wind bläst dem Weihnachtsmann kalt um die Ohren
und seine Hände sind schon halb erfroren,
die Säcke sind voll mit Geschenken und Spielen,
er will sie rechtzeitig den Kindern bringen.
Nach einer stundenlangen Fahrt
sieht er die Lichter einer Stadt.
Die Glocken fangen plötzlich an zu läuten,
und er denkt: Was hat das zu bedeuten?
Er hört helle Kinderstimmen
schöne Weihnachtslieder singen,
er spürt, irgendetwas ist geschehen,
er will es herausfinden, er will es sehen,
er stapft durch den Schnee zum ersten Haus
und wie von Geisterhand geht die Türe auf,
er tritt ein, und was er dann sieht,
lässt den Weihnachtsmann werden ganz still.
Es verbreitet sich in der Stube ein himmlisches Licht
und hält inne über ein lächelndes Kindergesicht.
Er fällt auf die Knie, denn er begreift sofort,
dass das größte Weihnachtsgeschenk
ist schon gekommen an diesem Ort.

TIERGEDICHTE

Die Ameise

Eine Ameise machte eine Reise,
sie krabbelte über Stock und Steine,
doch nach einer Weile wurden lahm ihre Beine
und sie setzte sich auf ein Gleis.
Ein Zug nahte heran, überfuhr die Ameise
und ein Jammern wehte über die Gleise:
»Keine Rücksicht nimmt man auf die Kleinen,
so eine Sch...sch...sch...sch...schschschsch ...«

Der Koala

Ich sehe aus wie ein Bär im Miniformat,
bin aber im Wesen von ganz anderer Art.
Australien, das ist mein Revier,
und ich gehör' zur Familie Beuteltier.
Ich sitze gern in Eukalyptusbäumen
und kann stundenlang dösen und träumen,
und wenn ich mich mal bewege,
so tue ich es ganz langsam und behäbig.
Die Menschen finden mich niedlich und süß,
doch ich kann aber auch werden aggressiv,
sie möchten mich knuddeln und drücken
und streicheln meinen flauschigen Rücken,
wollen Fotos von mir machen
und hoffen, dass ich dabei grinse oder lache,
für mich ist das zu viel Trara,
ich bin doch kein Superstar,
sondern nur ein kleiner Koala.

Das Schwein

Ein Schwein soll geschlachtet werden,
es protestiert und fängt an sich zu beschweren:
»Ich werde höllisch quieken,
wenn du mich zum Schlachthof willst bringen,
ich werde winseln und weinen,
wenn von den Beinen gemacht werden Eisbeine,
ich habe jetzt schon eine Wut im Bauch,
wenn du zerschneidest meinen Hängebauch,
ich darf gar nicht dran denken,
wenn vom Hintern gemacht werden leckere Schinken,
ich kann jetzt schon wetten,
dass vom Rücken gemacht werden saftige Koteletts,
sogar die Innereien willst du verarbeiten zu Wurst
und was übrigbleibt wird gedreht durch den Fleischwolf,
auch kannst du es kaum erwarten
zu bekommen meine dicken Schwarten,
selbst mein harter Schweinekopf
wird weich gekocht in einem Topf,
was bist du, Metzger, doch fies und gemein,
so fertig zu machen, ein wehrlos' unschuldiges Schwein.«

Der Bär und der Lachs

»Heute wollen wir Fische fangen«,
brummte Papa Petz zu seinem Kleinen.
»Ich zeige dir, wie man das macht,
du wirst großen Spaß haben.«
Sie tapsten hinunter zu einem Fluss,
Papa Petz freute sich auf den Genuss
und dachte, ich muss nur die richtige Stelle finden,
wo für die Lachse gibt es kein Entrinnen.
Ein Lachs kam ihm entgegen geschwommen,
er hatte den Bär schon ins Visier genommen,
mit einem Tempo sprang er aus der Flut,
schoss in die Höhe und rief laut ihm zu:
»Von dir lasse ich mich jetzt nicht verspeisen,
denn ich habe noch vor zu laichen
bevor ich selber werde eine Leiche.«
Er machte einen Salto in der Luft
und sauste wieder hinab in die kalte Flut.
Papa Petz war ganz verdutzt,
ist ihm doch der Lachs entwischt,
diese Sache war ihm schrecklich peinlich,
und er brummte frustriert zu seinem Kleinen:
»Komm, wir tapsen zurück in die Höhle,
denn Lachse fangen ist mir heut' zu blöde.«
Von Ferne hörte er noch schallendes Gelächter,
oder war es nur lautes Wassergeplätscher?

Der Elefant und das Mäuschen

Ein Mäuschen verirrte sich in einer Wüste,
die Sonne knallte auf sein Fell, es brannten ihm die Füße,
es hörte ein Dröhnen, es spürte ein Beben
als wollte sich die Erde aus den Angeln erheben,
es stellte sich aufrecht und sah aus der Ferne
herannahen eine große Elefantenherde,
es lief so schnell es konnte unter ein Gebüsch,
doch die Herde kam näher Schritt für Schritt,
das Mäuschen zitterte und dachte bei sich,
hoffentlich werde ich nicht plattgedrückt,
aber all sein Zittern half dem Mäuschen nicht,
denn ein Bulle fand es doch in dem Gebüsch.
Der Bulle starrte es an und fing an zu flirten:
»Hallo, du niedliche kleine Süße,
was machst du hier in dieser öden Wüste?«
»Hab' mich verlaufen, wollte an die Küste,
sitz nun hier mit geschwollenen Füßen
und werde wohl verdursten müssen.«
Aus Mitleid hob er es auf mit seinem Rüssel
und flüsterte zärtlich in sein kleines Ohr:
»Komm', setze dich auf meinen Kopf,
wir wandern zusammen bis zum nächsten Wasserloch.«
Vor Freude piepste das Mäuschen in seinen Rüssel:
»Dafür darfst du mich jetzt küssen!«
Jedoch der Kuss war zu heftig, der Bulle passte nicht auf
und so nahm das Schicksal seinen Lauf,
denn er erwürgte aus Versehen seine süße Maus.
Diese Liebe war leider nicht von langer Dauer,
er zog mit seiner Herde weiter in allertiefster Trauer.

Der Fuchs und die Gans

Herr Fuchs machte eine Tour,
sein Ziel war der Hof von Bauer Mohr,
Heißhunger hatte er schon seit Tagen
auf einen saftigen Gänsebraten,
so schlich er geduckt sich an das Gatter,
um dort eine fette Gans zu ergattern,
jedoch war der Fuchs völlig verdattert,
als plötzlich jemand fing an zu schnattern:
»Sich anzuschleichen wie ein Luchs
ist hinterhältig von Ihnen, Herr Fuchs,
hatten Sie vor, meine Freundin zu entführen,
um sie genüsslich in Ihrem Bau zu verzehren?«
»Was haben Sie für schlechte Gedanken, Frau Gans,
das ist ja allerhand,
ich mach' doch jeden Morgen meine Runde
und wollte Sie fragen in dieser frühen Stunde,
hätten Sie nicht Lust, mit mir zu gehen
durch frisches Gras, entlang an Bächen und Seen?«
»Diese Einladung werde ich nicht annehmen,
denn ich weiß, sie wird für mich böse enden,
Ihren Plan habe ich durchschaut, Herr Fuchs,
mit diesem Trick kriegen Sie mich nicht herum,
suchen Sie sich woanders Ihre Beute,
ich bleibe hier bei meiner Freundin.«
So ein Pech, dachte er, und zog sich zurück,
eine Gans zu stehlen war ihm heute nicht geglückt.

Der Hahn und der Wurm

Ein Hahn stolzierte gemächlich über das Gras,
er fand ein Korn mal hier, mal da,
doch plötzlich krähte er: »Was ist denn das,
was kriecht denn da auf einem Blatt?«
Es war ein Wurm, der sich darauf bettete
und sich dann langsam kringelte.
Der Hahn rief: »Kikeriki, du dummes Vieh,
verkrieche dich wieder unter die Erde,
sonst wird es dein Verderben.«
Der Wurm ließ sich aber nicht verdrießen
und brummte: »Ich will auch mal die Sonne genießen.«
»Nun gut«, krähte der Hahn, »nur zu, nur zu.«
Der Wurm aber langsam in der Sonne vertrocknete,
der Hahn vor lauter Freude krähte:
»Gleich gibt es für mich eine besondere Delikatesse,
denn so etwas Leckeres werde ich nie wieder fressen«,
und nach ein paar Minuten geduldigen Wartens
landete ein gegrillter Wurm in seinen Magen.
Ganz leise hörte man den Wurm noch klagen:
»Ich wollte nur nehmen ein Sonnenbad,
nun verrecke ich hier in einem Säure-Bad,
ach wie schade, ach wie aaaaaaaa ...«

Der Hund und die Katze

Eine Katze döste im Garten in der Sonne
und schnurrte friedlich voller Wonne.
Ein Hund, der am Zaun entlang lief,
erspähte sie und rief:
»Hi, Mieze, hast du nicht Lust, mit mir zu joggen
anstatt auf deinem dicken Fell zu hocken?«
»Ich mach' jetzt gerade meine Mittagsruh«,
fauchte sie erbost ihm zu,
»such' dir eine andere Mieze, gib' dir keine Mühe,
oder willst du meine Krallen spüren?«
»Oh, so zeig' mir deine Krallen,
vielleicht werden sie mir sogar gefallen.«
Gereizt stand die Katze auf
und sprang mit einem Satz über den Zaun.
Der Hund war erstaunt und bellte laut:
»Wau, das war eine Show!«
Doch dann ging's aber richtig rund,
denn er setzte an zum Spurt.
Von Ehrgeiz gepackt die Katze ihm hinterher rannte,
bis ihr der Atem ausging und ihre Pfoten brannten.
Der Hund sichtlich stolz, was er hatte vollbracht,
bellte: »Dich hab' ich doch noch zum Joggen gebracht!«
Kätzchens Stimmchen miaute nur dumpf:
»Okay, Kumpel, du hast mich überrumpelt.«
Von dem Tag an hatten sie Freundschaft geschlossen
und gingen nun täglich gemeinsam joggen.

Die Kuh und das Bienchen

Es stand an einem schönen Sommertag
eine Kuh auf der Wiese und rupfte friedlich saftiges Gras.
Ein fröhliches Bienchen kam summend daher geflogen,
ging von Blume zu Blume, um sie fleißig zu bestäuben.
Mit riesigen Augen verfolgte die Kuh ihren Weg
und dachte nur noch unentwegt,
komm' bloß nicht und setz' dich auf meinen Rücken,
mir reichen schon die vielen Mücken.
Das Bienchen doch dies ausgerechnet tat,
tanzte vor Freude, hatte einen riesigen Spaß
und summte ohne Unterlass:
»Was ist das hier ein schöner Tummelplatz!«
Die Kuh fand das unaufhörliche Kitzeln
nach einiger Zeit nun gar nicht mehr witzig
und brüllte laut ihr zu: »Verpiss dich,
ich bin keine Blume, bin nur eine Kuh.«
Das Bienchen summte aber vergnügt ihr zu:
»Komm, stell' dich auf die Hinterbeine
und tanze mit in unserem Reigen!«
Die Kuh war von dem Vorschlag ganz entzückt
und muhte: »Das wäre wahrhaftig der größte Hit,
egal, was die Menschen von mir denken,
heute werde ich meine Hüften schwenken.«
Angefeuert von den Mücken mit tosendem Beifall
muhte die Kuh: »Okay, ich versuche es einmal
mit Klein Bienchen zu tanzen einen flotten »Can-Can.«
Ein Bauer sah die Kuh und war ganz verblüfft,
er dachte, bin ich betrunken oder ist die Kuh verrückt,
er hörte sie brüllen, er hörte sie muhen:
»Ich bin hier auf Erden die glücklichste Kuh,
könnt' immer tanzen, immer zu,
juchhuuu, juchhuuu, juchhuuu.«

Der Rabe und die Nachtigall

Eine Nachtigall saß auf einem Geäst
und hörte jemanden krächzen,
sie sah einen Raben
und rief zu ihm: »Halt deinen Schnabel,
deine Stimme ist ja nicht zu ertragen!«
»Wieso, ich übe für ein Konzert«,
antwortete er sichtlich pikiert.
Sie flog hinunter zu ihm auf den Rasen
und zwitscherte: »Hör mal, mein lieber Rabe,
jetzt singe ich dir etwas vor«,
und sie schmetterte ihm eine Arie ins Ohr.
Er war von ihrem Gesang so angetan
und hellauf begeistert von ihrem Sopran,
er schlug ihr vor, in seinem Konzert zu singen
mit Amseln, Drosseln, Staren und Finken.
Geschmeichelt trällerte sie, ohne lange nachzudenken:
»Und du übernimmst die Rolle des Dirigenten.«
So versammelten sich am Abend alle Tiere im Wald,
um zu lauschen den schönen Arien der Nachtigall.

Der Löwe und das Lamm

Ein alter Löwe streifte durch das hohe Gras
und sah unerwartet vor sich stehen ein Lamm.
Das war's, waren des Lammes letzte Gedanken,
bevor es spürte die Löwenpranken.
Auch der Löwe starb nach einiger Zeit
und ihm erschien das Lamm der Ewigkeit.
Reumütig sprach der Löwe es an:
»Ich habe deinem Bruder großes Unrecht angetan,
bitte verzeihe mir, ich schäme mich dafür.«
Das Lamm sprach: »Ich kenne das Gesetz auf Erden,
das heißt fressen oder gefressen werden,
mein Bruder hätte sowieso nicht mehr lange gelebt,
sein Fleisch ist auch bei Menschen sehr beliebt,
darum, mein lieber Löwe, werde ich dir vergeben,
hier herrscht nur ein Gesetz und das heißt Liebe.«

Die letzte Reise

Ich weiß, es geht dem Ende zu,
mein Körper ist müde, die Augen fallen mir zu,
ich mache meinen letzten Atemzug,
und mit diesem Zug geht es auf die letzte Reise,
doch fährt er nicht auf Schienen oder Gleisen,
sondern schwebt auf sonderbarer Weise
in eine Richtung
in der ich schon von ferne sehe eine Lichtung.
Der Zug hält plötzlich im gleißenden Licht,
und ich erblicke darin ein freundlich-gütiges Gesicht,
ich brauch' nicht zu fragen, wer ER ist,
die Antwort sagt mir mein Gewissen:
ER gibt mir Frieden, ER gibt mir Ruh,
umhüllt mich mit seiner Liebe, deckt mich zu,
bei ihm fühle ich mich geborgen,
wie weggewischt sind alle meine Sorgen,
ER hat meine Hülle abgestreift wie ein Kleid,
ich fühle mich von einer schweren Last befreit,
meine Seele jauchzt, sie ist angekommen in der Ewigkeit.

Uschi Martens

Uschi Martens stammt aus Köln und verbrachte nach dem Krieg eine glückliche Kindheit im Rheinland. Mit zwanzig Jahren verließ sie Deutschland und lebt seither am Zürichsee. Ihre Bücher »Hinter den Balkonfassaden« und »Kleine Herzenswahrheiten« erschienen bei R. G. Fischer.

»Und manchmal geschieht es: Ein Gedicht erreicht den innersten Kern meiner Seele.«

Mein Haus

Die Eltern im Knast,
weil sie ohne Papiere
eingereist in das Land,
wo Milch und Honig fliesst,
heisst es.
Wir essen Kuchen, mit Smarties verziert,
an seinem Geburtstag; er ist so lieb.
Ich schenk ihm ein Zelt, dem fünf-jährigen Held,
ich denke, so hat er seine eigene Welt:
kreisrund, Plastik, der Durchmesser ein Meter.
Der Kleine krabbelt hinein, ganz ohne Gezeter.
Er ruft immer wieder: »Oh, wie fein«,
und lässt in sein Zelt niemand herein.
Aus seinem Schoggi-Gesicht fallen die Augen fast heraus.
Er schreit ins All: »Ganz allein MEIN Haus.«

Jugendgefängnis

Vorsichtig öffne ich seine Türe,
ich habe Angst vor dem Anblick.
Er liegt auf der Matratze am Boden,
die Augen geschlossen, er summt ein Lied.
Ich lege die Schokolade neben seinen Kopf.
Wir fangen stockend an zu reden, er ist mein bester Schüler.
Seine Augen bleiben geschlossen.
Meine Anwesenheit: zu viel Nähe?
        Ich gehe.
Er ruft mir nach: »Kommen Sie wieder?« –
         »Nächste Woche, bestimmt.« –
        »DANKE.«
        Ich wanke.

Kurdischer Kuchen

Ich bringe Kleider für die Kinder,
Pullover und Schuhe für den Winter.
Sie drehen und wenden sich vor dem Spiegel,
der Kleinen wird vom Drehen ganz übel.
Jetzt lädt mich die Mutter zu kurdischem Kuchen.
Wir sitzen am Boden, die Köstlichkeit zu versuchen.
Das viele Gemüse, die Äpfel, das Gries dazu,
mehr als ihr Wochengeld braucht sie im Nu.
Beklommen bin ich ob ihrer Güte,
gern gäbe ich mehr als die Kleidertüte.

Karfreitag

Jesus am Kreuz.
Jolanda alleine,
elf-jährig aus Angola,
ganz eine Feine.
Im Kinderspital trägt sie ihr Kreuz allein.
Vagina verbrannt, mit Ziggi, – das Schwein.
Und als ich geh, wink ich zurück.
Ihre Augen strahlen wieder, welch ein Glück!

Fahrt über den Julier in Heiliger Nacht

Eiskalte, sternenklare Winternacht.
Glatteis.
Ein Knall, dann lauter Wortwechsel
zwischen Vater und dem Andern.
Wie peinlich.
Unser Kofferraum, sehr stark verformt,
und die Nacht zu heilig für einen Automechaniker.
In Sils im Engadin angekommen,
stellt Vater eine Kerze auf die Blechbeule
und erzählt mit sehr feierlicher Stimme,
welche Geschenke für jeden im Kofferraum sind.
»Der kann ja erzählen«, denke ich.
Morgen ist wieder ein Tag, mit Mechaniker.

Ankommen

Dabei-Sein ist alles,
auskosten bis zum Umfallen.
Phrasen dreschen.
Alles Seifenblasen.
Sie platzen so schnell.

Lieber Rückzug,
in Stille.
In dich,
ins Leer-Sein.
Grossartig, wenn du's schaffst.
Dann, erst dann,
kann dein Inneres
sich wieder füllen.
Dann bist du: Du!

Klaus-Dieter Mattern *Ich bin zweiundsechzig Jahre alt, schreibe seit 1965. Spiele Theater, lese oft. Fünf eigene Bücher, Teilnahme an zwanzig Anthologien. Habe bei zahlreichen Wettbewerben gewonnen oder einen guten Platz belegt.*

Abschied von Bingo

Machs gut, mein alter Junge
dich gehen lassen fällt schwer,
ohne dich an meiner Seite
ist mein Leben leer.
Du warst mein bester Freund,
dein Vertrauen war uneingeschränkt.
Nun hab ich dein Halsband
weinend am Nagel gehängt.
Nun bist du im Himmel für Hunde.
Ich weiß, dort wartest du auf mich,
ich freue mich schon heut auf dich,
der Schmerz, den ich noch empfinde,
wird irgendwann vergehen,
wenn wir wieder zusammen
durch die Weiten des Himmels ziehen.
Bis bald, alter Junge,
die Zeit mit dir war schön,
die vielen gemeinsamen Jahre,
mussten nun zu Ende gehen.
Bis bald, alter Junge,
die Tränen werden vergehen,
doch dein Platz in meinem Herzen,
bleibt für alle Zeiten bestehen.

Der Himmel trägt im Wolkengürtel
den gebogenen Mond.
Unter dem Sichelbild
will ich in deiner Hand ruhn.

Immer muss ich, wie der Sturm will,
bin ein Meer ohne Strand.
aber seit du meine Muscheln suchst,
leuchtet mein Herz.

Das liegt auf meinem Grund
verzaubert.
Vielleicht ist mein Herz die Welt,
pocht –

Und sucht nur noch dich –
wie soll ich dich rufen?

Frühlingstag

Überall neigen sich
die Blüten über uns

Trage mich leicht
über die Erde

und an dem Brunnen halten wir an
und trinken.

Möwe und Wind

Kennst du das Spiel
zwischen Möwe und Wind?
Ich glaub, dass die beiden
ein Liebespaar sind.

Sie kommt
vom Lande,
er kommt vom Meer,
sie fliegt nach Süden,
er hinterher.

Sie lässt sich treiben,
er trägt sie sacht,
spürt ihre Wärme,
gibt auf sie acht.

Sie sucht das Weite,
flattert sich frei,
bald wird sie müde,
er saust vorbei.

Sie will ihm folgen,
aber er dreht,
stürmt ihr entgegen,
wie widersteht.

Aug in Aug –
Möwe und Wind,
Ich glaub, dass die beiden
ein Liebespaar sind.

Du hast es leicht

Du hast es leicht:
Du gehst, siehst andere Städte
und vergisst.
Ich aber muss bleiben.
Ich sehe dieselben Straßen,
Blumen und Bäume
und erinnere mich.
Bei jedem Schritt
gehst du neben mir,
höre ich deine Worte
und weiß plötzlich,
was ich antworten muss.
Wenn ich stehenbleibe,
spüre ich dein Gesicht über mir,
das zärtlich ist und sanft
wie die Nacht.

Du hast es leicht.

Wie gut, wenn auch in schweren Tagen

Wie gut, wenn auch in schweren Tagen
ein Mensch an deine Türe klopft,
um dir ein gutes Wort zu sagen.
Wie gut, dass es Menschen gibt,
der kommt, um dir zu helfen
weil er dich und das Leben liebt.
Wie gut, wenn dieser Glaube siegt
für alle, die nicht glauben wollen,
dass alles an uns selber liegt.

Bobré Orré

Bobré Orré, Jahrgang 1968, in Bielefeld geboren.

– Schwäche –

Die
Stärke
ist die Schwäche in
dir

Die
Schwäche
ist die Stärke von
dir
         BO 1995

– Worte –

Die Macht des
Wortes
– ist das
  Geschriebene
– und nie das
  Gesagte
         BO 1995

– Reise –

Solltest du gehen im fernen Land auf
Reise
sei schlau und gib dich
weise
         BO 1995

»DIE GLORREICHEN TAGE DES WELTBILDES BLÜHEN –
DOCH ES TROCKNET DIE WURZEL DER ERSCHEINUNG.«

Die Weisheit baut das Haus – die Torheit vernichtet
Wer geradeaus geht, fürchtet den Weg des Herrn
Wer krumme Wege geht, verachtet den Herrn

      DAS UNGEAHNTE

Solange ihr seid, kämpft ihr –
ihr kämpft solange ihr seid!

A

So dunkel hoch oben, unendlich weit fern, aus der Tiefe, die schwarze, unerreichbare
Welt
spüre die Mächte, vor deinen Augen, vor ihnen, die kosmische Zeit verrinnt und
schnellt

– Tag und Nacht
  wer hätte sich dies
  gedacht

– Ebbe und Flut
  zu groß auf Erden die
  Wut

– Schatten und Licht – und
  keine klare Sicht

wie ein Schatten die Welt, du als Mensch, du als Wurm auf
Erden

lässt vergehen und dazu, die Schreie mit jämmerlichen
Gebärden
sie färben das Licht der Sonne, des Mondes, des Himmels auf
Erden
eingetroffen »das Ungeahnte« –
zuvor, nie die Erde war so stumm und leer, dies musste so
werden

                                                                               B

Ein Ruf, aus der unerreichbaren
Welt
»alles wird schattenleicht, Dunkelheit löscht den
Abendschein
der Abend, in Höhen verhallt, dämmert zu den Lüften dies
hinauf
die Prophezeiung, steh auf, steh auf, geh
bergauf,
trat vor auf Erden dies aus der Tiefe und
Ferne
der Mensch hat einst dieser Welt den Sinn des Lebens
gegeben
alle schreien und weinen, doch die Welt kann ihnen jetzt nicht mehr
vergeben«

                                                                               Pk1w

Der Prophet:
»Oh großes, mächtiges, unendlich weites, starkes
Universum
sieh uns, den Mensch, als
Versuch –
nicht als Zorn oder
Fluch«

                                                                               U1

Das Ungeahnte zum
Prophet:
»Weit aus der Tiefe des Universums schenkte man den Menschen das
Leben
nach vielen, vielen Jahren, wird man euch nun auf Erden nicht mehr
vergeben
die Prüfung ihr habt verloren und das weiße Heer, einst dies es hat
geschworen«

»Hör,
der reiche Mensch vergnügt zu
Haus
die Armen, die Leidenden, die Kranken, die Hungrigen aber wandern
aus
tausend Meilen, Nacht und Tag, Tag und Nacht, wandern sie zu deren Orten, kurz mit Rast sie
verweilen
immer geradeaus, in ihrem Hass, Zorn, mit ihrem grimmigen
Lauf
kein Sturm, kein Schwert, nicht Wind noch Wetter hält sie
auf

Verkünde:
    Die Wohlhabenden müssen sich beeilen, sie müssen
    fliehen
    wir wissen aus Angst vor Tod und Schmerz, schon jetzt sie
    knien«

          Pk2w

Der Prophet:
»Oh großes, mächtiges, unendlich weites, starkes
Universum
sieh uns, den Mensch, als
Versuch
nicht als Zorn oder
Fluch«

          P1w

Der Prophet:
»Warum, warum tiefe Flut, tief, tief darbietende, dunkle, kalte
Flut
die Macht des Fernen, warum geriet ins Wanken sie mit Zorn und
Wut
ich sehe, die Zeichen des Himmels sind
geschrieben
aber warum schon jetzt die Boshaftigkeit hat den Menschen zum Hass
getrieben«

»Warum« – ?

Ich weiß, die Schurken sind tüchtiger als der ehrliche Mensch, da ihnen alle Mittel sind
recht
ist dies so schlecht?

»Warum« – ?

                                                                                                                    U2

Das Ungeahnte zum
Prophet:
»Einst habt ihr den Sohn des Herrn voller Schmerz ans Kreuz
geschlagen
frohen Sinn auf Erden wollte er euch geben, das Glück, doch hier habt seine Liebe nicht
vertragen
die Zeit ihr habt verspielt, euer Leben, eure Liebe, einfach alles
Schöne
die Gebote des Herrn habt ihr nicht erhört, darum Prophet, dich daran
gewöhne
versteh, nicht einmal deine Schriften sie verstehen und diese Botschaften sind nun mal das
Leben
Wir, dass Ungeahnte, die Kraft, die Herrschaft, die Schöpfung der Welten, werden diesmal nicht
vergeben
diese Welt, was der Herr schenkte wird
genommen
schon bald, schon die Tage und du, hast es als erster, als Prophet
vernommen

Verkünde:
Die Wohlhabenden müssen sich beeilen, sie müssen
        fliehen
        wir wissen aus Angst vor Tod und Schmerz, schon jetzt sie
        knien«

                                                                                                      P2w

Der Prophet:
»Warum, warum tiefe Flut, tief, tief darbietende, dunkle kalte
Flut
die Macht des Fernen, warum geriet ins Wanken sie mit Zorn und
Wut
ich sehe, die Zeichen des Himmels sind
geschrieben

aber warum schon jetzt die Boshaftigkeit hat den Menschen zum Hass
getrieben«

»Warum« – ?

Ich weiß, die Schurken sind tüchtiger als der ehrliche Mensch, da ihnen alle Mittel sind
recht
ist dies so schlecht ?

»Warum« – ?

C

Ein kühler letzter Luftzug und ein allerletzter Sonnenstrahl vor dem Sonnenuntergang zog noch übers Land
das mächtige Heer vom Himmel auf Erden und plötzlich – sie – die Dunkelheit vor unseren Augen stand
das Schicksal, wurde weit oben in der Ferne, aus der Tiefe, aus der unerreichbaren schwarzen Welt entschieden
hätte doch einst der Mensch nur verstanden und auf ewig das Böse, auch in ihm, für immer nur
gemieden
am Anfang, die Erde war schön und reizend, in voller Blüte, »in Harmonie« und einst so
leer
das Ungeahnte löste alle Sinne nun vom Mensch, ein Schmerz und der Abschied fiel
schwer
einst wurde aus Dunkelheit
Licht
gegeben dem Menschen das Denken, das Handeln, die
Einsicht
die Völker auf Erden, so sehr diese Gaben einst sie
lobten
doch sie verstanden nicht das Leben, den Sinn, nur auf Erden sie
tobten

   Weit der Sinn, nah die Ferne
   Blüten, Gräser, Liebe – Leidenschaft

Z

Das Zeichen,
des Menschen Boshaftigkeit brach ans Licht und des Menschen Düstere trat hervor ins
Gesicht
auf Erden der Garten, in ihm einst der Mensch sollte
leben –

diese Stimme –
des Ungeahnten, des Sohnes, des Geistes und der
Unscheinbarkeit
der Wille geschehe – auf
Erden

du sollst nicht jammern
du sollst nicht flehen
du sollst nicht …
Dein Gott gab dir dies –
dir Mensch, als
Schrift«

Der Prophet:
»Oh großes, mächtiges, unendlich weites, starkes
Universum
sieh uns, den Mensch als
Versuch
nicht als Zorn oder
Fluch«

Es galoppierte mit Schwert und Säbel die Armada durch Nacht und
Tag
die Reiter des Fürsten, das Heer des Herrn,
des Schöpfers –

so dunkel hoch oben, unendlich weit fern, aus der Tiefe, die schwarze, unerreichbare
Welt
spüre die Mächte, vor deinen Augen, vor ihnen, die kosmische Zeit verrinnt und
schnellt –

wie auf Erden die Blüten und die Jugend nun
verwelkt
vorbei das Leben, die Liebe, die Hoffnung, man hat dies
verschenkt
alles, was erblühte
verblich
auch das eigene, einst so strahlende
»Ich«

Ilse Perker-Mader

Ich stamme aus Essen an der Ruhr. Nach Aufenthalten au pair in Cambridge in England und in Paris studierte ich Germanistik, Französisch und Kunstgeschichte. Ich lebe mit meinem Mann im Hochtaunus. Hier entstanden meine Gedichte »Wahrnehmungen«. In dem Band »Das Gedicht lebt!, 2009« veröffentlichte ich Gedichte zum Thema »In Natur und Garten«, 2010 »Wahrnehmungen im Gebirge«. Für den Band 2011 und den vorliegenden Band habe ich Gedichte zu verschiedenen Themen ausgewählt.

»NATUR UND KUNST, SIE SCHEINEN SICH ZU FLIEHEN,
UND HABEN SICH, EH MAN ES DENKT, GEFUNDEN.«
(JOHANN WOLFGANG VON GOETHE)

Winterwanderung im Hochtaunus
Treisberg

Der Himmel blau wie feines Pastell,
überstäubt von Wolken, zart und hell!
Das weite Land glänzt in Sonne und Schnee!
Wir steigen und schauen zurück von der Höh'.

Rostrot und gelb – die Dächer meist grau,
dahinter die Ferne in Tönen von Blau,
schmiegt sich das Dorf in die Mulde am Hang.
Der Aufstieg vom Tal ist steil und lang!

Droben das Café »Wundermild«!
Willkommen heißt sein Wirtshausschild,
und viele kehren gerne ein.
Der Kuchen schmeckt hier besonders fein,

und der Blick schweift bis zum Westerwald.
Auch des Dorfes Geschichte ist ehrwürdig alt.
Es wird vom Pferdskopf überragt.
Der Aussichtsturm dort als Ziel sehr gefragt.

Er reicht über die Buchen hoch hinaus
und weist viele Landschaftspunkte aus.
Man sieht Wälder, Berge, Dörfer und Auen
und möchte immer nur schauen und schauen!

Requiem für ein Vögelchen

Es schlug gegen unser Fenster
bei treibendem Schnee und Sturm
und lag wie tot im Schnee!

Schnell hob ich es behutsam auf,
trug es ins Haus hinein
und tröpfelte frisches Wasser
auf sein zartes Schnäbelein.

Da regt' es sich und schüttelt' sich,
dass Stirnfederchen flogen
und schlug die glänzenden Äuglein auf
und sah erschrocken in meine.

Zu einer Pflanze trug ich es hin,
husch, klammert' es aufrecht am Stamm!
Ich holte Wasser und Körnchen herbei
und betrachtete es lang.

Das Vögelchen war so zart und klein,
sein Schnäblein gebogen und dünn.
Kehle und Bäuchlein wie weißer Flaum,
doch die Decke gebändert, beige-braun.

Nacken und Scheitel dunkel gefleckt
dazu mit winzigen Strichlein bedeckt.
Auch sein langer Schwanz war braun.
Eine Tarnung wie Rinde am Baum.

Plötzlich flattert' es ängstlich auf,
am geschlossenen Fenster hinab und hinauf
und fort in die dunkelste Ecke.

Ich wollte es greifen und bringen zurück,
doch es entwischte mit viel Geschick!
Da sah ich plötzlich zu meinem Schreck,
ein Bündel Schwanzfedern liegen!

Ach, hätt' ich das Fenster öffnen sollen,
es wieder entlassen in Schnee und Sturm?
Jetzt war es zu spät, so fürchtete ich
und ließ es von nun an in Ruh'.

Mal klammert' es hoch am Deckenbalken,
mal saß es gleich einem Schmetterling
mit gebreiteten Flügeln am Boden,

ihre Muster nun mit Mittelknick,
und je einem großen Augenfleck,
glich's einem exotischen Falter.

Ich kannte das kleine Vögelchen nicht
und suchte im Vogelbestimmungsbuch,
dort fand ich, es war ein Baumläufer,
ganzjährig daheim in Europa!

Der Vogel nahm das Wasser nicht an
und pickte auch keine Körner.
Sie taugten wohl für sein Schnäblein nicht.
Doch wo fänd' ich Larven und Würmer?

Ich ließ ihm unsern Flur als Revier. –
Wüchsen ihm wohl neue Federn hier,
zu fliegen und sich zu stützen
beim Lauf hinauf auf den Baum?

Da lebt' nun ein Wesen in unserem Flur,
schon verankert in unseren Herzen
mit Sorgen und mit Schmerzen.

Wo mag es nur sitzen, am Tag, in der Nacht?
Jeder Schritt wird behutsam bedacht
mit Blick auf das Teppichmuster.

Am Morgen flattert' es auf und nieder.
Vielleicht, so dacht' ich,
erholt es sich wieder!

Doch wenig später fand ich es dann
in der Gardine Falten gekrallt,
ein leidender kleiner Federball.

Das Köpfchen unter den Flügel gesteckt,
schaut es mich kurz nur traurig an.
Herzschlag und Atem heftig und bang!

Später lag's steif auf den Boden gestreckt,
und ich rief tief im Herzen erschreckt:
»Der Vogel ist tot!« –

Nun trauern wir um das kleine Tier.
»Weißt Du –
gestern saß es noch hier!«

*April – April
bei uns in Deutschland 2007*

April – April,
der lust'ge Geselle
weiß nicht, was er will!
In diesem Jahr
verhält er sich still.
Kein Blitz – kein Donner,
keine erfrischenden Schauer,
kein Wind – keine Wolken!
Von Tag zu Tag
wird der Himmel blauer
und die Sonne
schickt ihre Julihitze.

Der Mai hat heuer
nichts mehr zu tun.
Der Wald ist längst grün,
die letzten Frühlingsblumen
verblüh'n,
und Junirosen grüßen vom Zaun!

Nur das Korn ging nicht auf,
sieht voll Sorge der Bauer.
Wo blieben
die fruchtbaren Regenschauer?

Die Amsel und die Krähe

Die Amsel singt ihr Frühlingslied,
kaum lausch ich ihr,
da endet sie!
Mit rauem Schrei
die Krähe ruft.
Leis' fliegt die Amsel durch die Luft
zum Nest, zum Schutz
vor der Räuberin.

Sie treibt die Krähe vom Neste weit,
ist die Wendigere im schwarzen Kleid,
fliegt drunter, fliegt drüber
und zielt genau
mit dem spitzen Schnabel
nach der Augen Grau,
bis die Räuberin endlich
wendet und weicht.

Die Krähe

Die Krähe schreit –
ihr Nest ist leer!
Klagend fliegt sie vom Walde her.
Wer ist der Nesträuber?
Wo kam er her?
Wer raubte die Brut ihr?
Wer?

Abendstimmung

Der Mai ist wieder gekommen,
schon sind die Bäume grün!
Da hab in der Ferne vernommen
ich der Amsel Melodien.

Vor mir leuchtet der Abendstern,
dort, wo der Himmel noch hell –
Ach hätt' ich Mutter und Schwester noch,
ich rief' sie voll Sehnsucht jetzt an!

Gott gab uns nur eine Gnadenfrist,
mit ihm seine Schöpfung zu teilen.
Kaum fassbar, wie schnell sie vergangen ist,
wie die Jahre enteilen!

»Das Auge des Entdeckers«

Sie saßen sich gegenüber im Zug.
Er, Schriftsteller, jung, voller Hoffnung genug.
Sie lernten sich kennen –
stolz konnte er ihr sein Stipendium nennen:
Die Gunst der Villa Massimo!

Dann rief er sie an,
er sei in der Nähe.
Sie dachte, wohlan:
»Ich freue mich,
dass ich dich wiedersehe!«

Er lud sie ein,
irgendwo zum Essen.
Sie zog sich an.
Ihr unvergessen, sagt er:
»Dein Kleid schaut ja unter dem Mantel vor!«

Das Kleid war rot,
der Mantel grün,
grad wollt' sie den Gürtel enger ziehn.
Sie dachte an seine Preiskategorie.
Nichts für die Blicke der Haute Voleé!

»Bei den oberen Zehntausend
pennt jeder mit jedem«,
sagte er im Gespräch –
und zog sich dann mit Sorgfalt zurück.
– Das war der verlorene Augenblick. –

Sie hat ihn dann später von ferne gesehen,
über die alternative Buchmesse gehen,
unter schlappem Hut mit breiter Krempe,
modisch gewandet, schwarz, und bleich.
Sie erschrak und dachte ans Totenreich.

»XY-Ungelöst«

Eine Frau sprang von der Brücke in den Tod!
Niemand weiß, warum!
Zwei Söhne ließ sie zurück!
Niemand begreift, warum!

Eine SMS an die Kinder geschickt:
»Ich bin stolz auf euch!«
und wo sie Auto und Schlüssel versteckt.
Niemand ahnte, warum!

Sie besaß Familie,
hatte studiert,
führte ein Geschäft,
war bekannt, renommiert.

Sie war schön, elegant,
begünstigt vom Glück!
War unheilbare Krankheit
plötzlich ihr Geschick?

War sie eine verschlagene Person,
die ihre Familie belog,
die unglücklich fremdging,
die eigne Firma um ihr Geld betrog?

Ging sie einem Hochstapler ins Netz,
der sie verführte, verstrickt',
bis zuletzt?
Er lebt vielleicht. Er wüsste, warum.

Oder hatten Gangster sie im Griff,
Familie und Firma mit Verbrechen bedroht,
sie jahrelang um Schutzgeld erpresst?
Niemand weiß! – Warum nur, warum?

Die Kriminalpolizei interessiert am Fall nur:
Eindeutig Selbstmord! Das beweist die Spur.
Es lag kein Fremdverschulden vor!
Familie und Freunde fassungslos!

Ist sie dem Burn-Out zum Opfer gefallen,
die sich perfekt zu sein mühte in allem,
was Gesellschaft, Familie und Firma verlangen?
Ach, hätte ein Engel sie aufgefangen!

Das Rätsel der griechischen Sphinx

Alles in einem und eines in allen –
die Füße, die Tatzen,
die Nägel, die Krallen,
die Beine, die Knie,
die Hüften, der Bauch,
so verschieden sie scheinen,
so ähnlich auch.

Die Rippen, die den Körper schützen,
Muskeln und Knochen,
die bewegen und stützen –
alles in einem
und das eine in allen.

Und dort, wo beim Menschen die Arme sitzen,
sind den Vögeln die Flügel gewachsen,
so verschieden der Schein,
so ähnlich das Sein.

Augen, Mund und Nase und Ohren,
welches Tier ist damit nicht geboren?
Hier krönt einer Frauen Haupt die Sphinx,
vereint alles in einem
durch Weisheit in Kunst.

An allen Geschöpfen hat ihr Schöpfer Gefallen.
Tiere und Menschen sind der Artemis Kind,
mahnt an der Schwelle des Tempels
Harmachis*– Sphinx.

*Harmachis (grch.) – Harmachet (ägypt.) heißt:
Horus (Sonnengott) im Horizonte.*

Christian Schmidt

Christian Schmidt, geboren am 20.12.1945 in St. Peter, promovierter Facharzt für Radiologie und Nuklearmedizin und Chefarzt am Bürgerhospital in Frankfurt am Main, publizierte in nationalen und internationalen Fachzeitschriften zu wissenschaftlichen Themen aus Röntgendiagnostik, Nuklearmedizin und Ultraschall, hielt zahlreiche Fachvorträge im In- und Ausland und veröffentlichte neben Beiträgen in Lehrbüchern auch zwei eigene Fachbücher, um sich nun der Belletristik zuzuwenden. Sein Buch »Rhapsodie in Grün« erschien 2012 in der edition fischer. Seine Interessen gelten der Philosophie, Literatur, Geschichte und Landschaftsarchitektur.

»… DENN ALLE LUST WILL EWIGKEIT … «
(FRIEDRICH WILHELM NIETZSCHE)

Das Grau der späten Stunden

Ich hab's so gut es ging getan,
weiß um des Glückes Grenzen.
Nun fehlt die Kraft, nichts treibt mehr an,
bin nur noch Hülle, nicht mehr Mann,
kein Geist mehr, nur Sentenzen.

Unruhe lastet drückend schwer.
Wo sind die Freunde, die mal waren?
Verlasst mich nicht, kommt wieder her,
ich brauch euch alle viel zu sehr;
einst kamt ihr doch in Scharen.

Freund Mut war da und Heiterkeit,
sie war'n mir zwar nie wichtig,
doch Liebeslust und Zärtlichkeit,
die sah' ich gern an meiner Seit'.
Sie fehlen mir jetzt richtig

Der unbeschwerte Monat Mai
ist längst dahin … entschwunden.
Der Sommer zog im Traum vorbei,
was bleibt, ist trübes Einerlei;
das Grau der späten Stunden.

Elegie

Sehnsucht habe ich getrunken,
die Gedanken sind voll Klagen.
Jetzt, wo mir der Mut gesunken,
quälen bitt're Fragen.

Bin ich? … War ich je gewesen?
Werd ich jemals wieder sein?
Wird mein Herz mir je genesen
ohne Dich, mein Sonnenschein?

Bin ich noch? Bin ich schon nicht mehr?
Was ist Sinn und was ist Zweck?
Wo nehm ich den Lebenssinn her
ohne einen Lebenszweck?

Ach, das Glück ist gar zu flüchtig,
rinnt geschwind durch uns're Hände.
Wehe dem, der danach süchtig;
schmerzhaft wird sein Ende.

Ich steh auf, geh auf die Bühne.
Hab mein' Auftritt, darf nicht säumen.
Bin der Stolze, Starke, Kühne
kann nicht länger träumen.

Sieh uns, mein Herz, im rechten Licht,
wir sind nicht, wie sie meinen
und vergiss vor allem nicht:
Auch Schmetterlinge weinen.

Traum der Nacht

Lass uns von schönen Dingen träumen,
so eine Nacht vergeht zu schnell.
Wir wollen uns in Träumen überschäumen,
tief in einander eingeschlungen,
ein jeder fühlt sich eingedrungen.
Wer ist das Wasser, wer der Quell?

Komm, lass dich überfließen,
damit wir uns ergießen
in den Traum der Nacht.

Lass uns blicken, tief und innig blicken,
zärtlich und sanft in uns're Seelen
Blicke schicken,
Blicke, heiß wie Feuersglut,
brennen dürstend nach Lust und Flut.

Auf wallenden, brausenden Wasserwogen
werden wir durch den Rausch gezogen
und uns're Seelen schmelzen und fließen,
bis sie tosend sich ergießen
in den Traum der Nacht.

Achat

Du heißt Achat,
bist meines Herzens Stein.
Du hast nur ein Karat,
bist also ziemlich klein,
und trotzdem bist Du viel für mich.
Ich liebe Dich.

Bekenntnis

Du bist mir Trost
in jeder Stunde.
Du bist mir Glück,
mein ganzes Sein.
Du bist mir Balsam
auf die Wunde.
Ich liebe Dich,
Dich ganz allein.

Und ist der Weg
auch noch so steil
und rechts und links
ein tiefer Schlund;
Du bist für mich
das Rettungsseil,
die Stütze, Halt
und fester Grund.

Fels und Brandung

Ich bin der Fels,
Du die Brandung.
Wenn du da bist,
umhüllt mich dein
feuchter Schaum.
Bist du weg,
fühle ich mich
nackt und bloß.

Du schlingst dich
um mich
und ich spüre
deine Nähe
an meinem
ganzen Körper.

Bist du stürmisch,
schlägst du donnernd
gegen mich,
bedrängst mich,
um doch an meiner
Härte zu brechen.
Du ziehst dich
grollend zurück,
um leise plätschernd
wiederzukommen;
versöhnlich meine Füße
netzend.

Ich liebe deine Ruhe
und deinen Sturm.
Lass mich auf immer
in deine feuchte Tiefe
stürzen.

Die Jahre gehen rasch ins Land

Die Jahre gehen rasch ins Land,
der Wangen Pracht verblüht
und eh' man richtig zu sich fand,
ist auch das Herz verglüht.

Wir sind so arm und so gering.
Warum? Wir wissen's kaum.
Das Leben ist ein seltsam' Ding
und Glück ist nur ein Traum.

Mein Leben liegt im Abendrot,
der Mut ist mir gesunken.
Mein Herz ist starr, mein Herz ist tot,
Abschied hat's getrunken.

Der letzte Herbst

Es ist Zeit, zu einem guten Schluss zu kommen.
Nordwinde toben herbstlich vor der Tür.
So sei ein letzter Schluck genommen,
gekeltert aus den Trauben am Spalier.

Des Lebens Mühen neigen sich dem Ende.
Das welke Laub fällt ab von jedem Baum.
Noch einmal falten sich die Hände
und bitten um den großen Traum.

Der Einsame wird lange einsam bleiben.
Der Kranke bettet sich zur letzten Ruh'.
Er sieht nie mehr die Frühlingsblumen treiben
und schließt die müden Augen zu.

Von meiner Stirne nehmt den Lorbeerkranz;
bevor er welkt, werde ich nicht mehr sein.
So endet nun des Lebens bunter Tanz
und jeder stirbt für sich allein.

Abschied

Kalter Wind zischelt
durch dunklen Holunder.
Tief unter Wolken
schläft eine Welt.

Träumt, während Nebel
alles umhüllen.
Farben verblassen,
nur Dunkelheit zählt.

Blicke voll Trauer
ruhen auf Dornen.
Moderndes Laub,
wo Leben einst war.

Hier blühten Rosen,
weiße und rote,
grün war das Laub
und lockig dein Haar.

Doch du bist fort,
bist von mir gegangen,
so wie die Blumen
kommst du nicht mehr.

Flockiger Schnee
kühlt bald meine Wunden,
hüllet mich ein
und ruht auf mir schwer.

Später, im Frühling,
wächst eine Rose
aus meinem Herzen
duftend und rein.

Halte sie sorgsam
verwahrt in der Seele.
Sie ist mein Leben,
für dich ganz allein.

Ich habe eine kleine Welt

Ich habe eine kleine Welt,
versteckt in meinem Herzen.
Ein Ort, wo niemals Regen fällt
und Freude kühlt die Schmerzen.

Hier blühen Wiesen ringsumher.
Hell, klar die Bäche fließen
und wenn ich einmal traurig bin,
dann geh ich ganz geschwind dorthin
um Ruhe zu genießen.

Mal wand're ich durch kühlen Hain,
auf weichen Waldes Wegen,
dann wiederum im Sonnenschein
und spüre Gottes Segen.

Doch meistens liege ich im Gras
und träume vor mich hin,
dann macht mir's Leben richtig Spaß.
Ich freu mich, dass ich bin.

Hier, in meiner kleinen Welt
spiel ich mit dem Wind.
Fühle, dass mich etwas hält.
Bin glücklich, wie ein Kind.

Einmal bleibe ich ganz hier:
Niemand wird mich finden.
Pflanze Rosen an's Spalier
und dunkelblaue Winden.
Lebe glücklich in den Tag,
ohne Zank und ohne Streit.
Alle Sorgen, Müh und Plag
sind so weit … so weit.

Lob der Langsamkeit

Was es heißt, den Zug versäumen,
weiß ich schmerzlich und konkret,
denn wie alle, die gern träumen,
komm ich überall zu spät.

Gleich am Anfang, kaum geboren,
kam ich viel zu spät zur Welt.
Ob ich alles hier verlorenes
oder nicht, bleibt hingestellt.

Auf! Beginn ein neues Leben,
ruft mein Wecker, jeden Tag,
aber, ach, das ist es eben:
dass ich nichts beginnen mag.

Sommers liege ich im Garten,
höre wie die Amsel singt.
Übe mich auf nichts zu warten,
was mir mühelos gelingt.

Leg ich mich zum letzten Schlummer,
ohne Angst und ohne Pein,
tu ich's langsam, ohne Kummer,
warum denn der erste sein?

Vorstellung

Stell' Dir vor, Du dürftest die Welt regieren,
brauchtest nicht mehr auf allen Vieren
das tun, was andere von Dir wollen,
brauchtest keinen Tribut mehr zu zollen,
dürftest für Frieden sorgen in der Welt,
einen gerechten Frieden, der ewig hält.
Keinen Hunger gäb's mehr, keine Sorgen,
jeder hätte alles und brauchte nichts borgen.
Du wärst der große Superstar.
Nichts wäre, wie es früher war.
Du hättest alle Hände voll zu tun,
könntest weder tags noch nächtens ruh'n.
Müsstest überall sein; hier und dort.
Gerechtigkeit sollte walten an jedem Ort.

Ich würde aufgeregt und her laufen,
mich vor Freude sinnlos besaufen.
Laut und falsch unanständige Lieder singen,
meine Umwelt zur Verzweiflung bringen.
Ganz viele schöne Dinge ausdenken,
mir alles, was ich wollte schenken.
Würde schier auf nichts verzichten,
meine Feinde zertreten und vernichten.

Doch dann würd ich still steh'n
und in mich geh'n,
und am Abend ganz leise
Gott bitten, doch auf seine Weise
die Dinge wieder selbst zu machen,
denn es wird nicht Gutes,
außer Er tut es.

Frühsommer

Man sitzt in Lauben,
Sonne scheint durch die Gespräche
und lässt uns glauben,
jemand bräche
Rosen aus dem grünen Laub.

Kein Windhauch stört
die hellen Sonnenträume.
Ein süßer Duft betört
des Gartens bunte Räume.
Die Farben sind noch ohne Staub

Und über Hügel weit,
ganz fern am Firmament,
ein kleiner Hauch von Ewigkeit,
ein Ahnen nur, das jeder kennt,
zieht mit den Sehnsuchtsvögeln fort.

Verlorenes Herz auf Sehnsuchtsflug

Keine Sonne geht auf.
Der Kauz ruft im Moor:
Kuick! Kuick! Komm mit! Komm mit!
Wohin? ... Wohin nur?
Es ist kein Licht in der Finsternis.
Verloren das letzte Blau.
Glaube, Liebe, Hoffnung;
alles jenseits des Urknalls.
Raumzeit ist Null.
Anfang oder Ende?
Hier liegt die Antwort?
Doch Fragen werden nicht gestellt.
Ewiges Schweigen;
selbst Träume sind nicht mehr.
Was war, ist gewesen
und wird nie mehr sein.
Zeit ist Erinnerung im Präteritum.
Ich bin, aber alles ist nicht.

Der Kauz ruft im Moor.
Er ruft: Kuick! Kuick!
Lebt wohl.

Theorie

Es stand gar mächtig anzuschaun
auf diesem Platz, ein großer Baum,
und dieser Baum stand in dem Ruf,
dass Gott ihn damals selber schuf.
Man meinte: er bleibt ewig steh'n,
was immer kommen mag und geh'n.

Doch hat in einer dunklen Nacht
ein Sturm den Baum zu Fall gebracht.
Man sagte: wär er doch geblieben
und hat dann auf ein Schild geschrieben:
Es stand gar mächtig anzuschaun
auf diesem Platz ein großer Baum ...

Nachts flüstern Liebende

Nachts flüstern sich Liebende
schöne Worte ins Ohr.
Brunnen plätschern leiser.
Man trifft sich vorm Tor.
Das Unstillbare, nie Gestillte
bricht hervor,
wie ein Vulkan, wie Lavaglut
brennt das Herz,
zersprengt die Fesseln,
stürzt sich verlangend in die Flut
der Lust, der tiefen ew'gen Lust,
erfüllt das Sehnen in tiefer Brust.
Doch unstillbar ist der Schmerz,
der in der Tiefe wild
und ewig lodert.

Nachts singen Brunnen leise.
– »Notturno« – Liebestraum.

Zaubergarten

Komm in meinen Zaubergarten;
süßlich duftet der Jasmin.
Lass uns auf die Rosen warten.
Weiße Wolken südwärts zieh'n.

Päonienrot und Kaiserkron',
Goldlack und Zypressen
führen uns mit Harfenton
hin zum Weltvergessen.

In der lauen warmen Sonne
liegen wir im Grase
und ich spüre, welche Wonne,
dich, mein kleiner Hase.

Höre zwischen weichen Klippen
deines Herzens Töne.
Trink den Tau von deinen Lippen.
Oh, du süße Schöne.

Tief in deinem weichen Schoß
blühen blaue Winden.
Gut versteckt im dichten Moos
werde ich sie finden.

Dunkelblauer Rittersporn
wird sich in sie senken
und sein hartes, festes Horn
wird uns Liebe schenken.

Zaubergarten, Wunderbann,
hält uns fest gefangen.
Aber nur wer träumen kann
wird zu dir gelangen.

Sommer

Lauer Wind vom Süden weht
durch der Gärten bunte Räume,
und um jede Rose geht
süßer Duft geheimer Träume.

Sonne scheint durch die Gedanken;
Licht gibt Trost auf dunklen Wegen.
Träume kennen keine Schranken,
leuchten schon von fern entgegen.

Ziellos geht der Blick durch's Grüne,
um doch nirgendwo zu weilen.
Zeit ist fern, nur die Gefühle
sind zu stark, um fortzueilen.

Man sitzt in kühlen Gartenlauben,
Träume spielen mit den Winden,
und erlauben uns zu glauben,
dass wir die Blaue Blume finden.

Der Hundefloh

Es wohnt vergnügt und lebensfroh
im Fell von einem Hund
ein kleiner schwarzer Hundefloh
und saugt sich dick und rund.

Der Hund ist groß, der Floh ist klein.
Des einen Freud, des andren Pein.

Der Hund, vom Kratzen voll Verdruss,
denkt sich in seiner Not:
was juckt mich nur so fürchterlich,
und quetscht das Tierchen tot.

Der Floh ist klein, der Hund ist groß,
nun ist der eine den andren los.

Er sieht ihn lange an und denkt
jetzt lang nicht mehr so roh,
wie doch das Schicksal alles lenkt,
gestorben wär er sowieso.

Der Hund ist groß, der Floh ist klein.
Des einen Freud, des andren Pein.

Erinnerungen

Ihr schönen Träume
längst vergang'ner Zeiten
ruft in uns wach, was war
und niemals wiederkehrt.

Geliebte Bilder,
tief bewahrt im Herzen,
sind wieder hell
und strahlen uns vermehrt.

Wie nie vergangen,
greifbar nah,
lebt alles in euch fort.
Erinn'rung nur,
doch Trost für bitt're Stunden.

Auch wenn die Zeit die Wunden heilt
und dunkle Tage heller werden,
Erinn'rung zeigt uns, im verzerrten Glanze,
was Glück einst war, was wir geliebt, gelebt.

Angst

Lass uns erst nach Hause gehen,
wenn die bösen Schatten vorüber sind.
Solange du bei mir bist,
kann uns nichts geschehen.
Wir wollen uns festhalten
und aneinander schmiegen,
wollen uns lieben,
denn wer liebt ist nicht tot.

Nach dem Tod

Nach dem Tod
will ich ein Ofen sein.
Nicht groß und prächtig,
eher klein.
Auch nicht
aus Porzellan mit Sims
und innen auch kein
Stein aus Bims.

Ich denke mir,
ohne Verdruss,
klein und bescheiden:
Ganz aus Guss.
Mit einer Klappe
oben dran,
damit man tüchtig
feuern kann
und unten,
das ist so die Masche,
da sei ein Kasten
für die Asche.

Ich glaube,
dieser Wunsch ist gut
und zeugt auch nicht
von Übermut.

Denn

Seh ich mein Sein
im ird'schen Reiche,
so ist's der Ofen,
dem ich gleiche.

Meine Glut
ist nur für den,
der in mein Inn'res
möchte seh'n.
Und meine Wärme
nur der spürt,
der vorher mich
ganz tüchtig schürt.
Bläst einer mir
nur stets den Marsch,
verbrennt er schnell
sich seinen …

Melancholie im Herbst

Freudlos ruhet nun die Welt,
die einst in Farben blühte.
Kein Stern am weiten Himmelszelt,
wo sonst die Sonne glühte.

Trauer hockt am Wegesrand,
graue Nebel wallen.
Tod und Zeit geh'n Hand in Hand.
Welke Blätter fallen.

Vergessen heit're Frühlingsträume,
verstummt sind Lachen, Singen.
Keine Rose, kahle Bäume:
Oh, schweres Zeitverbringen.

Unbemerkt, in aller Stille,
verging der Jugend gold'ne Zeit.
Nun beugt man sich dem mächt'gen Wille
und ist zur großen Fahrt bereit.

Folgt der alten Zauberspur,
ohne Furcht und Grämen.
Schmerzvoll ist doch eines nur:
Das letzte Abschiednehmen.

Traurig im Herbst

Sonne tief im Westen.
Nebel auf dem Feld.
Letztes Laub in Ästen.
Totenkleid der Welt.

In Geäst ist keine Weise,
flücht'ger Sonnenstrahl.
Vögel gehen auf die Reise,
winken noch ein Mal.

Abschied ohne Wiederkehr?
Ging die Welt in Scherben?
Ach, das Herz ist mir so schwer.
Hoffnung liegt im Sterben.

Viel zu schnell verging die Zeit.
Eh' man sich besann,
hielt die Zeit den Herbst bereit.
Fragt nicht Wie und Wann.

Gedanken im Herbst

Astern sind längst eingeschlafen,
selbst die letzten Chrysanthemen
welken nun in meinem Garten;
durch das Laub die Winde weh'n.

Auf den Dolden des Holunder
gaukeln letzte Sonnenstrahlen,
sonst ist Trauer ringsumher
und das Herz ist mir so schwer,
glaubt nicht mehr an Wunder.

Auch des Frühlings tiefe Liebe
ging dahin, kommt nimmermehr.
Wenn das alles nun so bliebe
wär das Leben mir zu schwer.

Hier, die letzte Herbstzeitlose,
ein Geschenk vom nahen Tod,
nehm ich mit und diese Rose,
aus dem letzten Aufgebot.

Einen Zweig vom Lorbeerbaum
und dies Stängelchen Jasmin,
flecht ich in den letzten Traum
und lass die Gedanken zieh'n.

Lustvolle Erinnerungen
möcht ich nicht verlieren;
pack sie warm und sicher ein,
damit sie nicht erfrieren.

Hans Schricker vom Paukowitsch

Hans Schricker vom Paukowitsch wurde 1939 in Wien geboren, die Wurzeln seiner Familie finden sich in Niederösterreich und im Sudetenland um Königsberg. Seinen bereits in der Kindheit bestehenden literarischen Ambitionen konnte er erst mit Eintritt in den Ruhestand folgen, das bisherige Schaffen besteht aus Geschichten, Theaterstücken und einem Roman. Sein Buch »Chaotische Perspektiven« erschien 2010 im R. G. Fischer Verlag.

»SCHRIFTSTELLER IST EIN BERUF DEN MAN ERLERNEN KANN; DICHTER ZU SEIN IST BERUFUNG.«

Der Schrei
2011

Es schreit ein Mensch
Nachdem bislang sein Maul verschlossen
Leckt mich am Arsch
Verfaulende Geschlechtsgenossen

Vorerst ist's still
Danach wehrt man sich seiner Ehre
Fordert Moral
Als Teil der ganzen Sittenlehre

Du lieber Gott
Was sind das doch für Pharisäer
Knurrt dieser Mensch
Extrem verlogne Wertverdreher

Ethikbegriff
Nur sie vom Hörensagen kennen
Ein Stellenwert
Bloß dazu da, um ihn zu nennen

Ein Schutzschild auch
Vorm eignen Dreck, um abzulenken
Angeberei
Um eigne Schwächen zu versenken

Ihr habt versagt
Habt mich begaunert und belogen
Gewissenlos
Mich obendrein auch noch betrogen

Die Volksherrschaft
Schien einst der Weg zu Neubeginn
Politiker
Nur Niedergang und Scheingewinn

Gerechtigkeit
Als Grundessenz eines Extraktes
Wurd reduziert
Auf Lügenmärchen eines Paktes

Man müht sich sehr
Mir diese Märchen zu erklären
Der wahre Sinn
Die alten Lügen neu gebären

So wie auch mich
Lockt ihr die Schafe aller Rassen
Zum leeren Trog
Wo sie dann ihre Wolle lassen

Die Sicht ist klar
Wenn ich mein Leben jetzt betrachte
Bedrückt es mich
Dass ich nicht früher schon erwachte

Was soll ich tun
Mich rächen wie einst an Faschisten
Alternativ
Für sie gar beten wie die Christen

Die Lösung ist
Weder Gewalt noch milde Gabe
Ich fahre fort
Wo ich verbal begonnen habe

Daher nochmal zu euch: Leckt mich am Arsch!
Danach zur Hölle ab, auf, auf, marsch, marsch!
Nur dort gibt es für euch den rechten Rahmen;
Ich habe nicht als Christ gesprochen – Amen.

Lemminge
2011

Die Welt wie sie besteht ist trügerisch und kalt;
Du glaubst doch nicht, dass sie uns wohl gesonnen ist.
Mein liebes Kind, auch du musst weichen der Gewalt,
Und auch der Kraft, die unsre Zukunft mit zerfrisst.

Ihr armen Seelen, die ihr in den Abgrund steigt,
Ihr meint vielleicht, dass Gott euch dort empfangen wird
Und euch den richtigen Weg zum Garten Eden zeigt.
Wenn ihr so etwas annehmt habt ihr euch geirrt.

Die Lebenswanderschaft zwingt euch in ein Korsett,
Mit Schnüren die gefertigt aus Hartherzigkeit,
Die Daseinsflammen leuchten nur zum Totenbett,
Verbergen bloß den wahren Sinn von Raum und Zeit.

Der Duft von Hoffnung flattert himmelwärts davon,
Dem Sturmwind eurer Seelen er zu rasch erliegt.
Er gleicht der leichten Blüte von dem roten Mohn,
Die schon beim ersten Hauch durch alle Lüfte fliegt.

Der Menschheit Ende ist für sie schon längst in Sicht,
Es schwimmt ihr Geist in uferloser harter Fron.
Die matten Ströme der Erkenntnis mahnen nicht,
Sie fliehen ihr wie einer Vesper Glockenton.

Mein liebes Kind für Reue ist's noch nicht zu spät,
Man muss nicht beten es zählt auch das Schamgefühl,
Noch unsichtbar und doch ersetzt es das Gebet.
Die Buße selbst sei wahrhaftig ein letztes Ziel.

Grübelei
2011

Hat mich die Liebe je geküsst?
Mit Herzenswärme mir versüßt
Den Tagesablauf und das Jahr?
Mich auch bewahrt vor der Gefahr
Des Scheiterns meiner Illusion
Von Liebe? – Die lief mir davon.
Vielleicht war's auch nur Liebeshauch,
Vom Liebesfeuer nur der Rauch?
Oder war es ein schöner Traum?
Die wahre Liebe war es kaum;
Die ließ mich mit mir selbst allein.
So träum ich in den Tag hinein,
Von Frohsinn und von Liebesglück,
Wünsch nie Gewesenes zurück.
Des Wachtraums Wesenlosigkeit
Dringt in mich ein – Gibt mir Geleit
Zu vollen Töpfen leckrer Speisen,
Die sich am End als Trug erweisen.

Gedankengänge in Moll
2011

Reflexionen 1

Schicksal ist die Gewaltherrschaft
Des Lebens über unsre Zeit.
Der Menschenrassen allesamt
Gibt sie bis in den Tod Geleit.

Wie Flugsand schwebt das Jahr dahin,
Da meines Lebens Unverstand
Mir eine Fessel auferlegt,
Die an Vergänglichkeit gemahnt.

Das Herz zeigt an im Rhythmus mir
Die Stunden im Sekundentakt,
Mein Geist geht in Gedanken auf;
Erlösung hat sich angesagt.

Wenn schneebedeckt das Land erstarrt,
Der Winter Blätter fallen lässt,
Wie Totengräber wirken dann
Die schwarzen Krähen im Geäst.

Noch lebe ich, ich bin nicht tot,
Doch existier ich wie im Traum,
Und Wünsche ruhen unerfüllt
In einem dunklen leeren Raum.

Und wie die Liebe sich mir zeigt,
Täuscht sie die Liebe mir nur vor.
Was Liebe ist weiß ich nicht mehr,
Ich meinen Kampf um sie verlor.

Der Strauch von roten Rosen der
Vor meinem Fenster steht und blüht,
Wirft dunkle Schatten vor dem Blick
Der Liebessehnsucht die verglüht.

Beklemmung dringt tief in mich ein,
Zwingt meine Hoffnung in die Knie,
Ich weiß nicht was ich denken soll.
Quält Wahnsinn mich oder Genie.

Ich schieb die Welt mir in den Arsch
Und scheiß sie in die Atmosphäre,
Wo sie zerplatzt und dann verglüht,
War ohnehin nur noch Schimäre.

Am langen Weg zum letzten Ziel
Scheint von den Dingen ringsumher,
Im Leben nicht und nicht im Tod,
Nichts, was noch von Bedeutung wär.

Ich bin kein Tier, ich bin ein Mensch.
Im engen Fell verspür ich Zwang,
Suche den Weg ins Paradies;
Verführerischer Zauberklang.

Doch Gott und auch der Teufel nicht
Ist weder Freund noch Wegbereiter.
Schon seit Geburt mit mir vereint;
Apokalyptische Begleiter.

Die Sonne strahlt den letzten Schein,
Ich schwebe in die Dunkelheit,
Weiß nicht wohin es gehen soll;
Um mich herum sinnlose Zeit.

Mich zwingen unbekannte Kräfte
Zum Ursprung allen Lebens hin,
Die Denkkraft stößt an ihre Grenzen,
Die Existenz verliert den Sinn.

Dem großen Rätsel meines Seins
Möcht ich von dieser Welt entfliehn;
Ein Hauch von Hoffnung füllt den Geist,
Der Kosmos ruft – die Galaxien.

Als kleiner Stern von vielen Sternen
Flieg ich mit Lichtgeschwindigkeit,
Von der Geburt bis in den Tod.
Im leeren Raum – Unendlichkeit.

Reflexionen 2

Inferno droht
Mit Urgewalt
Geborgte Zeit
Gibt keinen Halt

Des Lebens Sinn
Gelähmt und taub
Verwelket stumm
Zu dürrem Laub

Wir wissen nichts
Und ahnen nur
Sind willenlos
Auf falscher Spur

Gewissenlos
Leichtfertig auch
Prätentiös
Unreiner Hauch

Mir wurde jäh
Erschöpfend klar
Ein Funke ist
Das Menschenjahr

Aus der Demenz
Im Augenblick
Besinnung nur
Ein kurzes Stück

Wir gehn im Kreis
Wir werden alt
Herbstwandertag
Im Märchenwald

Das Dasein wird
Zum leeren Raum
Sekundenschlaf
Ein dumpfer Traum

Gedankenschmerz
Ein Raub auf Zeit
Verdorrtes Herz
Unendlichkeit

Es ist en vogue
Der Totentanz
Bedrückend nur
Ein Zerrbild ganz

Des Menschen Geist
Am Sein zerbricht
Wenn ihm geraubt
Das Lebenslicht

Das Spiel ist aus
Rien ne va plus
Die Erde lebt
In Agonie

Was war ist weg
Was kommt wird sein
Ob Freud ob Schmerz
Ob Lust ob Pein

Erinnerung
Zerfällt in Nichts
Erloschne Welt
Des Augenblicks

Der Mensch ist tot
Materie nur
Verschwunden ganz
Teil der Natur

Wie Luft und Wind
Und Felsgestein
Wie dürres Gras
Und Sonnenschein

Gott Namenlos
Im weiten All
Ein schwarzes Loch
Im freien Fall

Wir stürzen in
Endlosigkeit
Kosmischer Staub
In Raum und Zeit

Reflexionen 3

Liebesgefühl
Wie neues Kleid
Freudvolles Glück
Zerfrisst die Zeit

Manch Liebe ist
Wie Würfelspiel
Am Ende bleibt
Verfehltes Ziel

Die Liebe lebt
Ohne Gesicht
Hält sich versteckt
Man sieht sie nicht

Unauffindbar
Versperrt die Tür
Dennoch find ich
Den Weg zu ihr

Der erste Blick
Der erste Kuss
Ich herze sie
Weil ich es muss

Liebe vereint
Mein Ich zum Du
Sie ist viel mehr
Als Rendezvous

Wär ich nicht ich
Wär ich vielleicht
Ein Teil von dir
Weil er dir gleicht

Aus gleicher Wurzel
Wie's ganze Sein
Wie Sternenlicht
Und Sonnenschein

Viel Liebe mich
Mit ihr verband
Liebesgefühl
Ein dunkles Land

Freudlos – allein
Wehmut im Schmerz
Die Liebe tot
Hart klopft mein Herz

Spür rätselhaft
Ich ihre Macht
Ein Wasserfall
In düstre Nacht

Gedankensplitter 27
2011

Einem dunklen Nichts entweichend,
nehmen wir es oft nicht wahr.
Wie auf leisen Sohlen schleichend
schreitet Alter unhörbar.

Breitet mahnend seine Schwingen
über unserm Alltag aus;
Trübsal droht uns zu verschlingen,
Ängste füllen unser Haus.

Tod pocht fest an unsre Türen,
hohl und schreckhaft klingts im Ohr.
Möcht uns in sein Reich verführen.
Lockend singt ein Engelschor.

Mondes Schein und Sternenflimmer
und der Sonne warmes Licht,
sind für uns des Lebens Schimmer.
Weichen möchten wir dem nicht.

Blüten wandeln sich zu Früchten,
Wörter fliehen vor dem Geist,
Wahrheit wird von den Sehnsüchten
und von Hoffnung eingekreist.

Zwischen Bangen und Gebeten;
Zagend schwanken wir dahin,
sind geplagt von vielen Nöten;
Glück allein wär kein Gewinn.

Ewige Jugend brächte Qualen;
Dasein Lichterlosigkeit.
Hell würds nur von Blitzesstrahlen;
kurz und flüchtig wie die Zeit.

Des Menschen Daseinsangstmanie
begleitet ihn sein Leben lang.
Mit ihm als Schmetterling fliegt sie;
in bunter Pracht zum Untergang.

Vision 3
2011

Die reifen Früchte lösen sich vom Stamme
So mancher Stern schwenkt ab von seiner Bahn
Und dreimal kräht vorm Untergang der Hahn
Und überm Untergang da lodert hell die Flamme

Im ewigen Falle gleiten wir zum Ende
Die ewige Straße führt uns stets zu Ziel
Und wer vermeint das Leben sei ein Spiel
Der sieht das Leben unter einer Blende

Im dunklen Ahnen nur da lösen wir uns fort
Wer tausend Augen hat, dem blendet grell das Licht
Und dunkle Wolken hüllen nur die Sicht
Am hellen Tage, nicht am finstern Ort

Im tiefen Schlunde des vergess'nen Stromes
Ein ewig Fließen führt durch Zeit und Raum
Und ist's zu Ende so verspürt man's kaum
Man mündet ein ins Schiff des Opferdomes

Gedankensplitter 28
2011

Die große Brücke, unsichtbar in weiter Ferne,
Die mir in meinen Träumen oft erscheint,
– Von einem bunten Regenbogen überspannt –
Weist mir den Weg zu jener anderen Welt,
Für mich nur sichtbar, wenn lichtlos der Tag.
Doch vieler Sonnensterne Pracht
Lässt mich erahnen, was denn wäre wenn
Die Flachheit meines Daseins auf Barrieren träfe,
Und stoppte wie an einer Wand aus Stahl.
Und eine Melodie mit einem lauten Knall
– Zerplatzend wie ein rohes Hühnerei –
In dumpfer Taubheit unerfüllter Wünsche,
Unhörbar meine Sinne malträtierte,
Mich flugs zu einem Künstler modellierte,
Der frei und zwanglos permanent,
Sich seinen Künsten widmen könnt.

Die Klugheit ist des Geistes Kind /
Manch Schöpfergeist scheint abnormal /
Ein Künstler reist mit scharfem Wind /
Im Zug der Zeiten, nüchtern, schal /

Freiheit der Kunst Gefasel nur /
Oft Freibrief wider die Natur /
Es wurde alles schon gewagt /
Wurde bewundert und beklagt /
Vom Frühlingsduft und Sonnenschein /
Vom Rebensaft und jungen Wein /
Von Liebesglück und Liebesleid /
Vom Sterbe- und vom Hochzeitskleid /
Vom schönen Herbst und Winterskälte /
Von Lobgepreise und von Schelte /

Die Uhren gehen mit der Zeit /
Und zeigen uns Vergänglichkeit /
Wir gehn dabei mit ihnen mit /
Im gleichen Schritt und gleichen Tritt /

Auch ich geh täglich diesen Weg /
Zur selben Zeit am gleichen Ort /
Über des Abgrunds schmalen Steg /
Bewege ich mich suchend fort /

Vorbei an einem alten Baum /
Runzlig, doch fest in seiner Haut /
Die tausend Jahre sieht man kaum /
Aus Eichenholz ist er gebaut /

Er ist mein Bruder, alt und grau /
Verwurzelt fest in tiefem Grund /
Verflochten mit des Astwerks Bau /
Und auch mit mir zu einem Bund /

Doch hätt der Bund nicht mehr Bestand /
Öd und verlassen dieses Land /
Als letztes Monster der Natur /
Verlör sich auch des Menschen Spur //

Gedankensplitter 29
Erwachen
2012

Der Rückblick eines Menschen hat
Auch jenen Zeitraum im Visier,
In dem er diese Welt betrat,
Zur Eingewöhnungsouvertüre.

Erste Freude, erster Schauer,
Kindheit gleitet in die Zeit,
Sonnenstrahl auf Nachbars Mauer,
Osterfest ist nicht mehr weit.

Osterlamm auf grüner Weide,
Osterhase grast daneben,
Frühlingsboten sind sie beide;
Glücksgefühl im jungen Leben.

Blauer Regen tropft im Schatten,
Vögel singen ringsumher,
Siedehitze lässt ermatten,
Nacht kühlt ab im Sternenmeer.

Weihnacht ist Geburtstagsfeier
Für Herrn Gottes einzgen Sohn,
Der verehrt wird als Befreier
Von der Evolution.

Fratzen hohler Weidenbäume
Grinsen drohend in die Nacht,
Schrecken dringt in Kinderträume;
Albtraum ist im Schlaf erwacht.

Erste Liebe – erstes Hoffen,
Blütenzauber – Frühlingszeit,
Amor hat ins Herz getroffen,
Liebesfreude – Liebesleid.

Jahre dauerhaft entweichen
Altersschwach dem Zug des Sein,
Dunkle Schatten setzen Zeichen
Rosaroten Blendwerks ein.

Weißer Schnee ist schwarz geworden,
Wolkenballen gelb und rot,
Sonnenlichter, hoch im Norden,
Volksmund spricht von Not und Tod.

Leben ist die Kunst, zu leben,
Alter ist ein Privileg;
Von der Schöpfung uns gegeben,
Zieleinlauf nach langem Weg.

Ewigkeit ist nicht beschieden,
Menschenleben sind dahin,
Staub und Asche ist geblieben.
Dunkel bleibt des Lebens Sinn.

Gedankensplitter 30
2012

Des Menschen Denkmal zwingt den Lebensreigen,
Sich auch mit Täuschung machtvoll anzuzeigen.
Dies ist wie wenn des Donners lauter Knall,
Verbergen wollte seines Blitzes Fall.

Die Täuschung müssen wir wohl Lüge nennen.
Kein Satz – Nur dieses Wort ist einzige Wahl.
Selbst wenn wir einst im Höllenfeuer brennen,
So ist auch posthum solches scheißegal.

Verlogenheit gilt beinah unbegrenzt;
Als Chronik für uns zeitlos abgespeichert.
Erinnerung daran – nur wenn sie glänzt,
Und zugleich unser Ego mit bereichert.

Die Sonnenstrahlen büßen ein an Kraft,
Manch grüne Blätter fallen schon im Mai,
Die Daseinsform verliert den Lebenssaft,
Die Gegenwart ist nahezu vorbei.

Der letzte Weg gleicht einer Kletterrose.
Wir klettern hoch zum Duft der schönen Blüten,
Und fallen tief vom Lebensspiel der Pose.
Das vorbestimmte Sein kann nichts verhüten.

Der Duft der Rosen ist danach entschwunden;
Die Blütenfarbenpracht ist auch dahin.
Nur ihre Dornen schlugen tiefe Wunden.
Ich fühlte es – erkannt bloß keinen Sinn.

Gedankensplitter 31
2012

Unscheinbar ist es allemal;
Des Mauerblümchens Schattenleben.
– Zwölftonmusik und atonal –
Kein schöner Klang ist ihm gegeben.

Die kleinen weißen Wiesenblumen
Sind für die Liebe wie erdacht,
Verborgen zwischen Gras und Krumen,
Sie blenden nicht, sie winken sacht.

Solch kleine unscheinbare Blüten,
– Nicht Rosen oder Lilien –
Sind es, die unser Leben hüten;
Am Wege nach Arkadien.

Sie duften nicht und dennoch strahlt
Ihr Liebreiz Süße der Enthüllung.
Aus dunkler Tiefe wie gemalt
Verheißen sie uns die Erfüllung.

Ich suchte sie und fand sie nur
Im Schlund der Nacht in meinen Träumen;
Fiktiv als Wachsblumenfigur.
Die formte ich zu neuen Reimen.

Metaphern fliegen wie der Wind
Auf manches Meisters Wappenschild.
Doch vieler Künstler liebstes Kind
Ist eigener Träume Spiegelbild.

Der Dichter Werk ist dazu da
Gedanken in die Welt zu schicken;
Verpönt ist nur – von Z bis A –
Mit fremden Federn sich zu schmücken.

Melancholie
2012

Der Vorhang vor dem Fenster meines Blickes,
Mit Blumen und mit Vögeln fein vernetzt,
Hüllt ein die Zelle meines Geistes
Und meiner Ruhelosigkeit.
Sein bunter Schleier trübt die Sonne,
Lässt mich erschaudern vor dem Dunkel,
Das ich am Horizont erahnen kann;
Wo sich das große Rad der Fügung,
Rastlos in eigenen Kreisen dreht,
Und nie ermüdet auf dem langen Weg,
Uns in die Zukunft zu geleiten.
Wir wissen nichts, und fühlen nichts,
Sind stumm und blind,
Wie Maden in der Hülle der Verwandlung.
Erinnerung – alles ist ausgelöscht,
Wie jene Blumen, die uns oft erfreuten,
Und jene Vögel, deren Stimmen
Mit ihrem Klang uns einst so sehr entzückten.
So wie die Bienen saugen ihren Nektar,
So saugten wir aus Blüten unseres Verstandes,
Und auch der Freude, ohne zu bedenken,
Dass dieses alles doch vergänglich ist,
So wie die Wärme und der Glanz des Glücks
In unserer Augen, Herzen und Gemüt.
Die Glut in unserm Innern ist erloschen;
Der Kälte Herrschaft setzt uns in Erstarrung,
So dass wir sterben – wie ein abgesägter Baum,
Dem man die Säfte seiner Lebensflamme hat entzogen.

Würmer
2012

Es war einmal ein kleiner Regenwurm,
Dem wurde es in seinem Loch zu feucht.
Er klagte, wär ich doch in einem Turm,
Dort ist die Luft gesünder – wie mir deucht.

Wie sollt er wissen, dass es dort zu trocken,
Und viel zu ungesund für ihn die Luft.
Illusionen sind es, die auch ihn verlocken,
Hoffnung – auf bessre Zeiten – die ihn ruft.

Ich selbst bin Wurm der neuen alten Klasse.
Kriechend am Bauch – oder auch andersrum,
Rutschend auf beiden Knien – wie ich es hasse!
Selbst wenn ich steh, mach ich den Rücken krumm.

Ich kann dies kleine Würmchen voll verstehn.
Ihm geht's wie mir, nur kriecht er ganz allein.
Kann von den Freuden anderer nichts sehn,
Nur's Herz erahnt den fernen Lichterschein.

Die süßen Früchte eines Lebensbaumes,
Die im Verborgnen aus den Blüten reifen,
Sind stets Bestandteil unsres Sehnsuchtstraumes,
Dessen Bedeutung wir nur schwer begreifen.

Uns Menschen ist das Dasein opportun.
Die Totenmaske, die der Atem prägt,
Lässt den Gedanken an den Tod nicht ruhn;
Der stets präsent an unserm Leben sägt.

So dacht ich oft an jenen ersten Kuss,
Der immer noch in meinem Innern klingt.
Wenn im Geäst der braunen Haselnuss,
Genau wie einst die schwarze Amsel singt.

Die Zeiten solcher Träume sind vorbei
Die Gegenwart zeigt Aussicht auf Verrecken
Da nützt kein Aufbegehren und kein Schrei,
Auch weder Kampf noch ängstliches Verstecken.

Wir sind nur Sklaven unbekannter Mächte,
Verbannt in unser aller Weltverlies;
Und viele albtraumhaft verseuchte Nächte,
Versperren uns den Weg ins Paradies.

Poesie
2012

Ein Pferd mit Flügeln sieht man hier,
Fast nicht zu glauben, aber wahr,
Wobei die Phantasie dies Tier
Der Dichtkunst zuschreibt – sonderbar.

Nun ja, die Phantasie hat Flügel,
So wie die Zeit, die von uns fliegt.
Sie löst zu straff gespannte Zügel,
Wonach die Poesie dann siegt.

Der Ursprung aller Poesie
Ist, wenn sich's Herz zum Geist begibt,
Zu fordern dessen Phantasie;
Und sich der Geist ins Herz verliebt.

Gleichen Wegs bis hin zur Brücke,
Welche in die Einheit mündet,
Und der Liebe Augenblicke,
Beide wunderbar verbindet.

Mondgezeiten ziehn im Kreise,
Stürmisch bläst der Sonnenwind,
Dichters Geist geht auf die Reise.
Schöpferkraft ist eigenes Kind.

Blau das Meer doch düster schweben
Nebelschwaden himmelwärts,
Hoffnungsvoll beginnt das Leben,
Trübsal überfällt das Herz.

Anarchie in eignen Sinnen,
Chaos, Kummer, Traurigkeit,
Oftmals möcht man neu beginnen,
Doch die Lust ist nicht bereit.

Epik, Lyrik, Poesie,
Verborgen in des Dichters Kleid,
Alles dies wird zur Manie.
Ganz ohne Zwang – Besessenheit.

Sinnspruch
2012

Die Narrheit ist im Leben meist
Nur Ausdruck großer Eitelkeit;
Und wer zu sehr die Weisheit preist,
Tritt oft die eigne Torheit breit.

Dämmerung
2012

Ein Mensch stellt sich die alte Frage.
Sind wir verwandt mit allen Tieren?
Die laufen doch auf allen Vieren,
Aufrechter Gang ist unsre Gabe.

Ich bin ein Mensch, weshalb ich sage:
Wir sind artfremd zu allen Tieren.
Die laufen doch auf allen Vieren,
Aufrechter Gang ist unsre Labe.

Ich bin kein Tier das aufrecht steht,
Wie Pflanzenwuchs zur Sonne strebt,
Sein ganzes Sein im Trieb verlebt;
Vier Beine hat – auf zweien geht.

Die Blüte meiner Jugendzeit
War wie der Glockenflug nach Rom,
Der umgewandelt zum Phantom,
Verklingt in tiefer Dunkelheit.

Wie uns auch Religion es lehrt;
Ein ewiges Leben – Illusion.
Glocken des Glücks fliegen davon,
Realität, die uns bekehrt.

*

Viel Neues gibt's nicht mehr zu sagen,
Fast alles wurde schon gesagt.
Ein winzig kleiner Rest von Fragen,
Man sie zu stellen kaum mehr wagt.

Geheimnisvoll wie unser Dasein,
Im Licht der Evolution,
Bleibt von Erleuchtung nur der Schein,
Und von den Worten nur der Ton.

Wir denken nicht und reden viel.
Erkenntnisdrang, das Zauberwort.
Die Dunkelheit verfehlt das Ziel,
Ein Suchender in ihr verdorrt.

*

Die Haut wird schlaff, die Muskelstränge schlapp, die Knochen brüchig und die Haare grau; nur das Gemüt ist kindhaft jung geblieben. Noch such ich die Erkenntnis, die tief in meinem Innern schläft und die ich nicht erwecken kann, so sehr ich mit mir kämpfe. Ein Kampf der mich zermürbt und der die Sehnsucht weckt, zu sterben um zu fliehn in diese andere Welt, die Welt von der wir träumen, die unsichtbar und unfühlbar uns sanft seit Anbeginn erwartet. Sie hat Unsterblichkeit im Sinn.

Gedankensplitter 32
2012

Aus Nichts geboren
Zum Nichts getrieben
Ein Nichts geblieben
In Nichts verloren

Du Sommer wurdest schon vorab
Gezwungen in den frühen Herbst,
Die Zellen sterben langsam ab,
Du deine bunte Vielfalt färbst

In ein Couleur von kargem Ton.
Die Dunkelheit fällt ein ins Land,
Die Tage flattern dir davon,
Die Reifezeit ihr Ende fand.

Sind deine Tage schon vorbei,
Wenn alle Vögel aus dem Nest,
Und ausgesetzt ihr Jubelschrei?
Der Herbst die Nebel tanzen lässt?

Die Ziele sind dir vorbestimmt
Bereits vor deiner Wanderschaft,
Die scheinbar nie ein Ende nimmt,
Als Sonnenkind mit Lebenskraft.

Wenn ich in deine Zukunft schau
So sehe ich ein schwarzes Loch
Der Dürre schon im Morgentau,
Und Ängste kriechen in mir hoch.

Das Herz klopft sehnsuchtsvoll nach dir,
Mein Atemzug saugt ein den Duft
Der Blüte; die fernab von hier
Mit sanfter Stimme nach mir ruft.

Irrwege
2012

Es ist die Kunst, die alle Schranken überwindet,
Die Zeit und Raum in bunter Vielfalt fest verbindet;
Doch was das Ohr vernimmt und was das Aug betrachtet,
Ist nicht nur Poesie wenn man's genau beachtet.

Nachdem die Wissenschaft autark
Gibt's Zeitgeist nur als Wissensquark.
Etwa die Kunst als Ausdruckform,
Völlig befreit von jeder Norm
In ihrer Zwangsmodalität.
Man sie jedoch kaum mehr versteht.
Moderne Kunst – Das Ohr am Knie,
Gehirn im Arsch – welch ein Genie.
Oder als neue Kultfigur,
Ein riesengroßer Penis nur
Der fest in einer Scheide steckt.
Der Leere man die Füße leckt.
Der Mann als Frau, die Frau als Mann;
Geschlechtsgleichheit hält uns im Bann.
Im Protzkostüm die Stümperei,
Das Kleid aus Glas, die Brüste frei.
Manch schwarzes Loch, das nennt sich Kunst,
Künstler, ein Mann der hinein brunzt.
Auch Kunst bereichern möchte er
Mit Werken wie Geschlechtsverkehr
Mit einer echten Künstlerin;
Auch die hat Ruhmes Glanz im Sinn.
Beherzt wühlt sie im selben Dung;
Das nennt sich Gleichberechtigung.
In Österreich gibt's einen Mann
Der seine Kunst ausscheiden kann,
Anal serviert auf einem Tisch.
Der Volksmund sagt; mit schnellem Schiss.
Klingt ordinär und abnormal,
Doch mancher meint; phänomenal,
Kunst äußert sich nicht nur verbal.

Die wahre Kunst; ist sie nur Schmäh?
Die Schöpferkraft nur als Idee?
Die Kunst ein Spiel für Idioten?
Als Spielwiese für Ramschchaoten?
Der Schaffensdrangein Tarngewand?
Täuschung und Dummheit Hand in Hand?

Unsichtbar klebt das Konterfei
Des Zwangs zur Wichtigtuerei;
Schaumschlägerei und Hörigkeit
Im blauen Dunst – verwirkte Zeit.

Stoßgebet
2012

Beamter sein ist eine Plage
Ermüdend sind die Arbeitstage
Gott schenk uns einen milden Schlaf
Gesegnet sei der Paragraph

Ute Schülke

Ute Schülke lebt in Wolfsburg, Ostfriesland und Paris. Studium der Erziehungswissenschaften, Fachbereich Kunst und Deutsch an der Universität Braunschweig, einige Jahre Lehrerin an der Volkshochschule Wolfsburg im Fach Deutsch als Fremdsprache. Langjähriger Aufenthalt in Japan, Friendship-Ambassador der Stadt Toyohashi/Aichi, Reisen in viele Länder.

»In meinen Gedichten umarme ich die Welt.«

Zeit schenken
Spüren im Fundament
Als Teil im Werden
Zeit gibt Wesen.

Palme gerupft
Kalter Westwind
Cameliablüten trotzen
Flugzeug überholt Mond
Nachbar raucht im Auto
Frühzeit.

Weiße Dächer in Fujimidai
Schneeflocken wirbeln
Fallen leicht – verzaubern
Flüchtige Begegnung.

Die Schlange im Garten
Ü b e r r a s c h t
Im Jahr der Schlange
Vielleicht doch?

Über Reisfelder
Das Meer geschaut
Üppig Grün säumt Wellen
Wo heartbeat zu Hause ist.

Kirschblüte
Erdrückend schön
Bevor es Blüten regnet.

In die Kühle gelauscht
Mit jeder Pore
Sonniger Januar
Verspricht Reifen.

Neko auf dem Dach
Wendig frech
Später in der Sonne
Auf dem Findling
Im Garten gebadet.

Regen prasselt
In den Abend hinein
Am nächsten Morgen
Wohlige Frische
Regenzeit.

Reisfelder
Haben wieder Wasser
Bald lugt gleichmäßig
Grün hervor
Doch vorher Abschied.

Taifun

Das Holzhaus erzittert
Wellen peitschen
Am nahen Strand
In der Nacht
Auf dem Futon
Ein leises Gebet
Faszinierende Kraft
Erschütternde Kraft.

Der blanke Morgen
Erzählt auch von meiner Ernte.

Augenblicke
Lebendige Kühle
Entgrenzung
Bringen Monde
Ins Haus
Ohne Schatten
Harmonie
Und Wärme.

Meer

Lauscht dem Meer
Gesang der Gezeiten
Leben mit den Monden
Erwärmt von den Sonnen
Mittendrin zuhause.

Wolken

Ziehen wie Hauptdarsteller
Unermüdlich den Himmel formend
Feiern Feste.

Beben

Gedanken gekürzt
Über Wellen gestolpert
Ohne Müdigkeit
Den Tau ignoriert
Belebend den Ton genossen
In die Augen geschaut
Den Schmerz ertragen
Und verwandelt.

Phantasie

Schieb' Grenzen hinweg
Damit sich Dimensionen öffnen
Das Universum erzählt
Vielleicht schon heute
Ein Geheimnis.

Seltene

Himmel gestürmt
In Wolken geschlafen
Weite Düfte erschlossen
Das Hoch jubelnd umarmt.

Sandra Schwabe

Sandra Schwabe wurde am 08.08.1977 im Thüringer Wald geboren und lebte dort bis zu ihrem sechzehnten Lebensjahr. Nach ereignisreichen Jahren, die sie in verschiedensten »Ecken« Deutschlands verbrachte, lebt sie schon seit einiger Zeit in Süddeutschland, bricht aber aus dieser Idylle immer gern mal wieder aus.

»Gedichte begleiten mich auf meinen Weg zu mir selbst. Stellen mir Fragen und geben mir Antworten, wie ein Nachschlagewerk für meine Gefühle.«

5 Sinne

Ich sehe um mich – sehe, die verrücktesten Sachen,
die mich nicht im Entferntesten glücklich machen!

Ich höre viel – höre, was ich gar nicht hören will,
früher war da keine Regung in mir,
heute bleibt nichts mehr still!

Ich schmecke Wut – schmecken tut sie süß und bitter,
Muskeln meines Körpers verspannen sich, ich zitter!

Ich fühle Wärme – fühle, wie sie mich wohlig durchströmt,
die Anspannung fällt, genieße den Menschen,
der sich zu mir gesellt!

Ich rieche den Duft – rieche, die Frische einer neuen Zeit,
vertraue wieder meinen Sinnen, denn ich bin zu neuen
Schritten bereit!

Nachgedacht

Wenn morgen das Leben zu Ende wär ...

würd ich dich gern noch einmal sehen,
mit dir gemeinsam ein paar Schritte gehen.

Wenn morgen das Leben zu Ende wär ...

würd ich dich gern noch einmal berühren,
mit dir gemeinsam ein paar Sinne spüren.

Wenn morgen das Leben zu Ende wär ...

würd ich dich wissen lassen, was ich für dich empfinde,
und dass ich meine Zweifel überwinde.

Wenn morgen das Leben zu Ende wär ...

Eindruck ...,

der Himmel erscheint so nah und doch ist er unendlich weit.
Der Sonnenuntergang gleicht einem Spiel aus Farben, die sich in Sekunden verändern.
Eine Vielzahl der Motive, die nur die Natur erschaffen kann.
Warum sucht der Mensch nach so wundervollen Dingen?
Halten wir die Augen verschlossen?

Weg

Wir gehen oft seltsame Wege, ohne ein Gespür vom Ziel.
Manchmal liegen da viele Steine und es wird einem mitunter zu viel.

Jeder Schritt wird dann schwerer und man meint, man hängt fest.
Und doch geht es immer ein Stück weiter, auch wenn ab und an der Mut
einen verlässt.

Jeder Stein eine Herausforderung, ein Stolpern, ein Sturz bei dem man hart
fällt ist nichts anderes als ein Antrieb, denn Aufstehen und Weitergehen ist alles was zählt!

Empfindungen

Tage verbringe ich damit über dich nachzudenken.
Versuch mich dabei immer mal wieder abzulenken.
Aber es soll einfach nicht funktionieren.
Vielleicht möchte ich den einen oder anderen Gedanken gar nicht verlieren?
Ich weiß, es ist ein anderes Gefühl, ein anderer Blick,
von dir – unbekannt, interessant und tief, so dass mir ein
Kribbeln über den Rücken lief.
Die Art wie du sprichst, wie du dich gibst, ist eine Art die mich berührt,
die mich zu meinen tiefsten Gefühlen führt.

Gedanken ...,

Gesichter-Zauber der Natur!
Wovor haben wir Menschen eigentlich Angst,
dass wir so oft unsere Köpfe senken?

Feststellung ...,

ein Tag ohne das Ticken im Nacken.
Die Dunkelheit, die mir Ruhe schenkt.
Der Wald, der so viel Kraft mir gibt.
Geräusche, die mich lauschen lassen
und zum Staunen bringen.

Martin Schweitzer

Martin Schweitzer wurde 1962 in Trier geboren. Nach dem Abitur folgten geisteswissenschaftliche, betriebswirtschaftliche und kirchenmusikalische Ausbildungen. Derzeit arbeitet er bei einem Finanzdienstleister in Frankfurt am Main. Neben dem Musizieren gehört auch das Schreiben seit der Kindheit zu seinen Hobbies. Martin Schweitzer lebt in der Wetterau, ist verheiratet und hat zwei Töchter.

Advent
Suche und Ankunft

»WENN DER ORGELKLANG IM KIRCHENRAUM IN WELLEN VEREBBT UND DEN HÖRER IN EINEM MEER VON GEFÜHLEN ZURÜCKLÄSST, LÄDT DER WOHLKLANG DES GEDICHTS ZUM WIEDERLESEN EIN. UND ZUM WIEDERLESEN ...«

der esel und das karma

ein esel wollte früh aufstehn,
geht schnurstracks in den grünen wald.
die hör'n nicht hin und winken ab:
er spricht: die bäumchen wechsel ich.
die seh'n ihn kommen. deutsch und stämmig.
geh, leg dich doch auf deine faule
empört, verstört, weil unerhört,
der lächelt österlich-katholisch.

sein karma suchen.
und fragt die buchen.
der? unsersgleichen?
geht zu den eichen.
zischen laut:
eselshaut.
trabt er zum bux.
und glaubt an jux. – – –

der tag neigt sich zum dunklen ende.

der esel: müd.

er, dieser alte esel, schläft zufrieden ein.

auf seinem stroh.
in seinem stall.
und eben dies
(das träumt er jetzt,
zu guter letzt),

doch, gott sei dank, für ihn die spreu

vom weizen schied.

Mit der Bitte um Zukunft

Ich schreibe diese Zeilen aus dem Jetzt, / vielleicht sogar schon aus dem Gestern.
Weil ich gelesen habe, zum wiederholten Male, / dass Du all das siehst, was
im Demnächst, Vielleicht, Alsbald liegt. / Öffne mir Deine Schriften, Deine
Sibyllinischen Bücher, eröffne sie mir. / Mit Freude und Ernst. Deuten muss ich sie selbst.

Übergieße mich mit Deiner Weitsicht, Weisheit, Wissenschaft. / Wie der Tau
Licht und Luft hinabsenkt in das Gras, / das nach dem stummen Kampf mit der Nacht
die Ende bringende Dunkelheit zu akzeptieren bereit ist. / Doch die Erinnerung an
das wärmende Oben erhält das Grün, / die Hoffnung und den Glauben an das Vielleicht.

Schenke mir den Mut, das Verstehen Deiner Botschaften zu verkraften. / Denn
allzu sorglos lebt der Mensch, / sehr zum Verdruss der Bäume, Gräser und Moose,
die längst aufgegeben haben, / nach dem Sinn des Lebens zu fragen. Selbst
die Suche gaben sie auf. / Wieso suchen nach etwas, was ist.

Öffne mir, mit jeder Seite Deiner Bücher, eine weitere Kammer in meiner Seele. / Bereite
mir das tragende Netz für das, was kommt. / Du kennst es bereits, hast es den Blättern
deiner Fülle anvertraut. / Du siehst keinen Unterschied zwischen Fragen und Antworten, da
alles bereits gesagt, gesprochen, festgelegt ist. / Im Hier.

Hab Vertrauen in uns, / trotz und auch gerade wegen unsrer Schwächen. Alles
Wollen ist eitel, alles Können schmeckt schal, / alles Tun kultiviert nichts als
Verschwendung. Wozu also streben, / wo Du doch bereits all dies erkannt, beschrieben,
ins ewige Jetzt komponiert hast. O Sibylle, apollinisches Orakel, halte Stand gegen
                                        Dekadenz, Verwesung, Vergessen.

Die letzte Bastion

Es tritt herzu die Narrenzunft und spricht im Chor:
»Mein liebes Kind, glaub' der Vernunft, leih ihr Dein Ohr.
Den Gott, den gab's und gibt es nicht. Er ist nur Spuk.
Vertrau auf Dich, Deines Geistes Licht. Sei stark und klug.
Der Frohsinn sei Dein Leitmotiv. Der Spaß. Der Witz.
Nimm alles leicht. Leb' und genieß'. Stirb nicht im Sitz!«

Das Kind, es schaut, sagt leis' zum Schluss:
»Und was ist, wenn ich weinen muss?«

Es naht sich schon die Lehrerschaft sehr ernst, sehr streng:
»Mein Schüler, Du bist unbedarft. Dein Geist ist eng.
Er ist zu öffnen. Dies ist Kunst! Drum gib fein acht.
Bewahr durch Fleiß Dir uns're Gunst. Wir sind die Macht.«

Das Kind, verängstigt, denkt sich still:
»Und wenn ich and'res fühl' und will?«

Der Priester und die Eltern schau'n voll Liebe hin.
Sie schenken Taufe, Gottes Geist, welch ein Gewinn!

Das Kind erschrickt. Das Wasser tropft.
Es fühlt so viel, sein Herzchen klopft.

Am Grabe

Wortlos stehen. Nichts mehr denken.
Lautlos gehen. Wird Gott lenken?

Laute fehlen. Tränen rinnen.
Sinne quälen. Was bleibt innen?

Kummer. Schmerz. Enttäuschung. Sehnen.
Kann ich ihn im Himmel wähnen?

Sollte das das Ende sein?
Du warst mein und ich war dein?

Was gilt: wann, warum, wohin?
Wo doch ich allein jetzt bin?

Wo ist all' die Kraft geblieben,
von der jeder singt und spricht?

Ich hab' nichts mehr anzubieten ...
Lieber Gott, vergiss mich nicht.

Blütenstaub

Blütenstaub fiel in des Morgens Beginnen
als netzender Regen, jungfräulich und rein,
mit frischen Gedanken vom ewigen Sein
zu Boden – und wehte dann traurig von hinnen.

So manch schönen Kelch wollte innig er minnen.
Verlangen, Begehren: das Leben sei mein!
Kein Bangen, nur Mehren: Meine Liebe wär dein!
Die Blume wär Bett und die Sonne das Linnen ...

Statt all dem glüht plötzlich elektrisches Licht.
Eines Besens Zähne zerbeißen Gedanken.
Unhörbare Schreie verfluchen den Mord.

Hier Geldschein, dort Geldschein. Welch trunkener Wicht,
des Glücks übervoll, ganz diesseits. – Dann wanken
Zwei krummreiche Beine hinweg von dem Ort.

der schlaue soldat zieht in den krieg

der schlaue soldat zieht in den krieg
es ist sein beruf, er glaubt nicht an sieg
der schlaue soldat hat ein problem
er hat den krieg nicht angefangen
den krieg hat er nicht angefangen
den krieg angefangen? hat er nicht!

der schlaue soldat ist im krieg
es ist sein beruf, er denkt nie an sieg
der schlaue soldat rettet einen kameraden vor einem hinterhalt
der schlaue soldat rettet zwei frauen vor einem überfall
der schlaue soldat rettet drei kinder vor dem verhungern
der schlaue soldat rettet sechs feinde vor dem ertrinken
den krieg verstehen tut er nicht

der schlaue soldat kommt aus dem krieg
es ist sein beruf, er hört nichts von sieg
der schlaue soldat liegt in seinem bett und weint still
der schlaue soldat wartet auf den nächsten krieg
dass er seinen eigenen krieg längst gewonnen hat, weiß er nicht

Magerkeit

Eine Gans
Eine Gans mit Namen Hans
Eine magere Gans mit dem stolzen Namen Hans
Eine magere Gans mit dem stolzen Namen Hans freute sich ständig
Eine magere Gans mit dem stolzen Namen Hans freute sich ständig auf ein kräftiges Essen

Doch sie schaffte es nie, sich gegen die anderen Gänse auf dem Hof durchzusetzen beim Kampf ums kalte Buffett.
Ihr blieben nur die Reste.
Deshalb wurde sie nicht fett, aber sehr alt.
Sie konnte sehr schnell rennen.
Sie hatte viel Erfahrung.

Aber
Aber die Gans mit Namen Hans
Aber die Gans mit Namen Hans war stets sehr unzufrieden

Mit den Jahren fiel ihr auf, dass die anderen fetten Gänse immer nur ein gewisses Alter erreichten.
Irgendwann verschwanden sie vom Hof.
Seltsam erschien es ihr.
Ihre Neugierde brachte sie förmlich zum Platzen.
Sie hätte zu gerne den Grund für dieses plötzliche Verschwinden gewusst.

Deshalb
Deshalb dachte unsere gutbekannte Gans mit Namen Hans
Deshalb dachte unsere gutbekannte Gans mit Namen Hans nach

Ihre erste Idee war, nachts nicht mehr zu schlafen.
Doch nach der zweiten durchwachten Nacht war Hans so müde, dass er einen Tag komplett verschlief und nach dem Aufwachen nichts mehr zu essen vorfand.
Seine zweite Idee war, einige halbwegs befreundete Gänse einzuweihen und diese zu bitten, ihn zu benachrichtigen, wenn ihre Abreise offensichtlich bevorstand.
Leider waren gerade seine befreundeten Gänse, die ausnahmslos Prachtexemplare gewesen waren, kurze Zeit später verschwunden.
Ohne Kommentar oder Ankündigung.
Seine dritte Idee kam ihm nach dem Scheitern der zweiten.

Die Gans
Die neugierige Gans mit Namen Hans
Die neugierige und wissbegierige Gans mit dem stolzen Namen Hans
Die neugierige und wissbegierige Gans mit dem stolzen Namen Hans vermutete
Die neugierige und wissbegierige Gans mit dem stolzen Namen Hans vermutete, dass das Verschwinden
Die neugierige und wissbegierige Gans mit dem stolzen Namen Hans vermutete, dass das Verschwinden der anderen Gänse
Die neugierige und wissbegierige Gans mit dem stolzen Namen Hans vermutete, dass das Verschwinden der anderen Gänse mit deren Aussehen zusammenhing

Diese dringende Vermutung liess in ihr einen Entschluss reifen.
Der Entschluss hiess: Definition eines neuen Lebenszieles.
Diesem Ziel, dem Aufdecken des Geheimnisses um die verschwundenen Gänse, wollte sie alles andere unterordnen.
Sogar ihr Verhalten wollte sie diesbezüglich ändern.

Ein Gänserich
Ein mutiger Gänserich namens Hans
Ein mutiger und mit allen Wassern gewaschener Gänserich namens Hans
Ein mutiger und mit allen Wassern gewaschener Gänserich namens Hans liess sich fortan nicht mehr übertölpeln
Ein mutiger und mit allen Wassern gewaschener Gänserich namens Hans liess sich fortan nicht mehr übertölpeln und die Butter vom Brot nehmen
Ein mutiger und mit allen Wassern gewaschener Gänserich namens Hans liess sich fortan nicht mehr übertölpeln und die Butter vom Brot nehmen, so dass sich der Gänsepfleger sehr verwunderte

Er Aß Nun Sehr Ausgiebig Bei Jeder Mahlzeit.
Er Nahm Gewaltig An Gewicht Zu.
Sein Federkleid Glänzte Zusehends.
Er Brauchte Sich In Den Täglichen Futterkämpfen Immer Seltener Anzustrengen.
Er Brauchte Überhaupt Nicht Mehr Zu Rennen.
Der Respekt Vor Ihm Unter Den Gänsen Nahm Proportional Zu Seinem Körpergewicht Zu.

ER VERGASS AUCH MEHR UND MEHR, WARUM ER SICH DIESEM ZIEL MIT HAUT UND HAAREN SOWIE MIT HERZ UND SINN UND LEIB UND SEELE VERSCHRIEBEN HATTE.

ENDLICH VERGASS ER SOGAR,
DASS ER ES VERGASS.

ER ERFREUTE SICH TÄGLICH AN
SEINEM AUSSEHEN,
SEINER GELASSENHEIT
UND SEINER MACHT.

die gans hans
die fetteste gans mit namen hans
die fetteste gans des hofes mit dem rufnamen hans
die fetteste gans des hofes mit dem rufnamen hans war eines tages verschwunden
die fetteste gans des hofes mit dem rufnamen hans war eines tages ohne vorankündigung verschwunden

Bitterkeit

Es war einmal ein kleiner Mann. Dem kam es doch recht komisch an,
dass alles, was er schon getan, missglückende Verläufe nahm.

'Ne Mandel sah er. Sprach d'rauf: »Ich seh' endlich etwas Schönes. Dich
sollt' man hoch preisen. Sicherlich bist Du vollkommen. Oder nich?

Dein blütenweißer, schlanker Leib, dies frische Innen, edles Weib,
dies erdig-braune Außen, zeig' Deine Reize mir zum Zeitvertreib.

Welch himmlisch Manna, welch Geschmack. Ein Ros' dagegen: Blättersack.
Aus Dir ich glänzend Kuchen back. Du bist der schönsten Torten Lack.«

Der kleine Mann war außer sich. Baut 'nen Altar aus seinem Tisch.
Drapiert dort Mandeln, viele. »Dich bet' fortan an ich. Sicherlich!«

Viel' Jahre blieb der Tisch so steh'n. Sah Haare dünnen, grauen, geh'n.
Sah Männlein schrumpfen. Fragt sich: »Wen liebt ich einst abgöttisch nur? Wen?«

Sein Blick fiel plötzlich zum Altar. Welch glänzend Aug' der Blick gebar.
»Oh, Mandeln, oh wie wunderbar! Jetzt weiß ich, was sein wird, ist, war!«

Kniet nieder, fällt aufs Angesicht. »Dich, Schönste, Dich vergess' ich nicht.
Du bist mein Leben, bist mein Licht. Du bist ..., ja, bist mein Leibgericht.«

All' Schranken fallen, er stürzt hin, schlägt blutig sich Bein, Arm und Kinn.
Ihm schwindet nahezu der Sinn. »Ich muss zu diesen Mandeln hin.«

Mit letzter Kraft erreicht er sie. »Mein Ende naht. Nicht ohne die.«
Ergreift sie alle, schluckt wie nie. Steigt letztmals röchelnd auf die Knie.

Fällt vorne über, denkt: »Wie bitter.« Fragt sich dann auch noch: »Warum Zitter?«
In seinen Därmen: Giftgewitter ... Der Tod kommt rasch. Ein wahrer Schnitter.

So kam das End zum kleinen Mann. Ihm kam auch das recht komisch an:
»Das Schönste was ich sah, getan, bracht' mir nur bitt'ren Tod heran.«

Liedchen zur Weihnacht

Nun lieg' ich hier, ich kleines Kind, inmitten Myrrhe, Esel, Rind.
Dabei bin ich doch Gottes Sohn! Für mich klingt's eigentlich wie Hohn,
dass Rindvieh, Hirtenvolk und Mohr besingen hier mein Herz und Ohr.
Muss das denn sein: Ich liege hier im Stroh grad wie ein kleines Tier?

Guck ich nach links, dort steht mein Vater. Er ist schon alt. Und von Gestalt her
sieht man's ihm an. Doch rechts Mama, sie ist noch jung. Und doch schon da,
wo sie der Engel hinbestellt. In dieser staubig heißen Welt
scheint sie schon liebend, weise, klug. Weshalb der Engel auch sie frug.

Warum grad Hirten? Warum die? Nur, weil ein Mohr vorbei ritt, schrie:
»Dort hinten, seht, der Stern. Er hält! Lobt Gott im hohen Himmelszelt!«
Was weiß schon Mohr, was weiß schon Hirt! Der ganze Menschenschlag, er irrt!
Wenn ich nicht will, hört alles auf. Was sagt wohl mein Gott Vater drauf?

Mein Sohn, ich glaub, wer irrt, bist du. Den Willen setzt man durch im Nu.
Doch höre, solang ich noch bin, hat jedes Menschenkindlein Sinn.
Die Lebensaufgab muss erfüllen, den Platz im Leben muss ausfüllen
ein jeder Mensch, ob klein, ob groß. Du, ja du hast das schwerste Los!

Dumm gelaufen

Ein Mensch, ein ganz besonders kluger, kauft sich ein Haus und lebt allhier.
Er lebt, er liebt, er schwelgt, er schweigt. Er hat schon bald sein Geld vergeigt.
»Tja«, spricht er, »geht's nicht mehr hier drinnen, so scheide ich und reit von hinnen.«
Schließt Ver- und Sicherung rasch ab, verunfallt schlicht, befüllt sein Grab.
(Konfuzius sagt: *Ein Mensch kommt immel, wenn gut el wal, in Chlisten-Himmel.*)

Und tat- und -sächlich, unser Mann kommt wirklich dort im Himmel an.
Der Hüter dessen Türe, Pete, lässt ihn herein und ruft: »Ein Lied!
Für unsren weisen Fahrensmann. Und lasst ihn an die Theke ran!«
Doch nach zwei Stunden, welch Unglück, Pete teilt ihm mit: »Du musst zurück!
Grundsteuer ist noch nicht bezahlt! H. Buchel, Himmelaufsichtsrat.«

Eva Maria Selbach

Eva Maria Selbach, aufgewachsen in der Nähe von Hamburg, lebt seit 2006 mit neun Huskies in Schweden. Von der Einsamkeit des hohen Nordens inspiriert, lässt sie ihren vielseitigen Talenten freien Lauf. Spirituelles Wachstum und die Liebe zu ihren Tieren sind ihr Anliegen, buddhistisches Gedankengut ist ihr Leitfaden für Leben und Wirken. Sie ist ausgebildete Heilpraktikerin, Hypnosetherapeutin (Rückführung) und ambitionierte Schmuckdesignerin.

»Meiner Liebe zu den Wesen gilt mein ganzes Augenmerk und ich will in Liebe lesen, in den Augen aller Wesen, für mein schönstes Lebenswerk.«

Siesta

Träge von der Mittagsglut
schau ich verträumt durch meinen Garten.
Die Stille tut mir wohlig gut
und langsam drifte ich mit zarten
Träumen fort von aller Wirklichkeit.
Blumenduft betört die Sinne –
Geborgenheit trägt mich – ich schwimme
selig zwischen Raum und Zeit.
Wie von fremder Macht geführt
erhascht mein Blick ein Fabelwesen.
Von dessen Anblick tief berührt
kann ich an diesem Trugbild lesen,
was meinem eig'nen Geist entspringt
und nun belebt durch Licht und Schatten
in mein Wachbewußtsein dringt.
Buschwerk – Blech und alte Latten
gaukeln mir ein Antlitz vor,
das umrahmt von grünen Matten
deutlich sichtbar dringt hervor!
Ein Hauch von zartem Sommerwind
macht Buschwerk zwirbelnd rauschen.
Auch mich umspielt er lau und lind
läßt Haar und Kleidung bauschen.

Ich fühle mich emporgehoben
in eine fremde Dimension
und erkenne wie verwoben
Wirklichkeit und Illusion.

Mittsommernacht

Sommernacht im hohen Norden
läßt meine Sinne lichtvoll schweben.
Die Stunden zwischen Traum und Morgen
haben stilles Eigenleben
und im Zauber dieser Nacht
erkenne ich die Wirklichkeit
– sie offenbart sich mir mit Macht
und überflüssig wird die Zeit!

Verzückt kann ich der Stille lauschen,
geführt von meiner Achtsamkeit –
mich am Flüstern der Natur berauschen
bewundernd die Vollkommenheit.
An Müdigkeit ist nicht zu denken –
um mich herum ist Wachsamkeit,
die helle Nacht wird mich beschenken
mit geistiger Verbundenheit!

Frühmorgens wenn die Elche wandern
mit Eleganz durch Sumpf und Moos
von einem stillen See zum andern
dann wird die Sehnsucht in mir groß
es ihnen allen gleich zu tun,
um Eins zu sein mit Mutter Erde
und ich werd' nicht eher ruh'n,
bis ich bewußt erleuchtet werde!

Katzenurlaub?

Wenn Menschen ihren Urlaub machen
hat das Kätzchen nichts zu lachen!
Gefährte Mensch will sich erholen
und lässt daheim die »leisen Sohlen«!
Kätzchen muss im Hause bleiben
und viel Einsamkeit erleiden!
Futter bringt der Nachbar rein
ansonsten ist es ganz allein!
Schmusen – kuscheln – spielen –
schmeicheln
wird gekürzt auf »dreimal streicheln«!
Kein Streunen durch die Nachbargärten
kein Dialog mit dem Gefährten!
So vergehen Tage – Wochen
Langeweile kommt gekrochen!
Gefährte kann von fern nicht wissen
ob der Nachbar treu – beflissen
oder ungewohnt der Pflege –
auch schon mal verschwitzt die Hege!
Hoch schreckt der um Mitternacht:
– »hab an's Kätzchen nicht gedacht!
– Ach du liebe Zeit – vergessen –
– Kätzchen hat noch nichts gefressen!«,
rennt mit wehenden Gewändern
um das Missgeschick zu ändern!
Es ist still im Haus der Katze
wo ist nur die leise »Tatze«?
Ruft und sucht durch alle Zimmer
– denkt dabei: »das mach ich nimmer!«

Wie ein Geist auf allen Vieren
sucht er dort und schaut er hier hin
– oben, unten – in den Schränken
in der Küche unter Bänken –
nirgendwo ist Kittilein
– irgendwo muss sie doch sein!
Bei der Suche nach dem Kätzchen
fällt er über's Nachthemd-Lätzchen
reißt dabei den Leuchter um –
»Kittilein – wo bist du?« – wumm –
wieder auf den »Schlips« getreten
landet er in Putz-Geräten!
Sein Gewand ist jetzt noch länger
denn ein Riss macht es zum Hänger!
Nachbar ist den Tränen nah –
ist das Kätzchen nicht mehr da?
Doch – Gott sei Dank – da ist sie ja!
Kittilein lag auf der Lauer
– mit Miau und voller Power
kommt – zum Spielen aufgelegt –
quer durch's Zimmer sie gefegt!
Hebt elegant den Schwanz zum Gruß
und schmust über Nachbars Fuß!
Der greift zu und fasst ins Leere
und bekommt glatt Überschwere!
Fällt nach vorn und steht jetzt Kopf
im allergrößten Blumentopf!
Stimmt – den sollte ich doch gießen
doch – wird der mal wieder sprießen?

Kitti hält dies für ein Spiel
– wackelt und springt – plopp – in's Ziel
landet voll auf Nachbar's Kopf
oberhalb vom Blumentopf!
Bis der sich dann hochgerappelt
wird er fleissig abgeschlabbelt
von Kittilein quer durch's Gesicht!
Doch diese Sorgfalt mag er nicht
und er droht jetzt : »Schleich dich Katze,
sonst erheb ich meine Tatze!«
Nachbar braucht jetzt einen Schnaps
schlurft zum Kühlschrank – ja, der hat's!
Aus eins wird zwei – mal zwei macht vier
– sag bitte Katz – was wollt ich hier ?
Räumt schwankend seine Spuren weg –
schüttelt aus dem Haar den Dreck.
Glaubt seine Sache gut gemacht
und sagt zum Kätzchen »gute Nacht«!
Schlurft wieder heim – zurück zu »Mutter«
liegt im Bett – oh Gott – das Futter!
Die Chance, dass Kitti Futter kriegt
bei 1,5 Promille liegt!
Für Kitti ist das katzenklar
nicht katzenfest scheint dieser Nachbar!

Wolfgang B. Simons

Geboren 1950 in Köln, Studium der Psychologie und Sozialpädagogik in Köln sowie Religionspädagogik in Würzburg (Lehrbefähigung Sek I). Mehrjährige Tätigkeit als Lehrer an Grund- und Förderschulen. Seit 1981 Referent in der Hauptabteilung Schule/ Hochschule des Erzbischöflichen Generalvikariates in Köln und zuständig für die Erteilung der kirchlichen Unterrichtserlaubnis an allen staatlichen Schulen des Erzbistums. Buchveröffentlichungen: »Mozarts vergessene Zeitgenossen«, R. G. Fischer Verlag 1993, »Laut wird die Posaune Klingen«, Langwaden 2003. Zahlreiche Veröffentlichungen in Fachzeitschriften (Pädagogik, Psychologie, Schriftpsychologie sowie Theologie/ Religionspädagogik).

»KUNST KOMMT VON KÖNNEN, KÄME SIE VON WOLLEN, HIESSE SIE WULST.«

Alter Friedhof im Wald

Stumm hinter Zweigen
ist zerfallen das Tor.
Wo die Kreuze sich neigen
in schweigendem Chor

endet der Weg.

Die an Ufern verweilen
atmen Wärme und Duft.
Wenn die Jahre enteilen
in eisiger Gruft

endet der Weg.

Endet

Jeep

An der Schaltung die Hand
Fuß auf das Gas
Unter Rädern knirscht Sand
Frisch duftet Gras

VORWÄRTS

Voll Kraft die Maschine
In das Haar wirbelt Staub
Zug der Turbine
Brich durch das Laub

WEITER

Und die Ebene winkt
Schlingen Wege ihr Band
In die Sonne versinkt
Endloses Land

ZUM HORIZONT

Prunkhelm

Dem Ritter zum Schutz
herab das Visier.
Ein Anblick voll Trutz
in silberner Zier

glänzt er metallen

Ruht jetzt auf Holz
überzogen mit Leder.
Am Eisen weht stolz
wie einstmals die Feder

in steinernen Hallen

März

Nach Blüten
sich sehnen
die Zweige

im Tau

Die Tage
sich dehnen
ins stählerne
Blau

des Himmels

Sommer

Lieder singen
der Sonne Fest
den Tag schwingen
und klingen lässt

schlank
wie der Ton der Geige

Den Hymnus anstimmen
an das Leben
sich nähern auf Schwingen
den Göttern und Reben

Kelch
geleert bis zur Neige

Menuett 2012

Die Statuen warten
es naht sich die Stunde
da der Park versinkt
in die Stille der Nacht.

Stuck leuchtet weiß
über farbigem Grunde
im Mondlicht dämmern
Marmor und Pracht.

Kristall spiegelt Kerzen
zu Cembaloklang
spielt die Flöte
den Tanz
aus höfischer Zeit.

Ein Jet donnert
dröhnt
betäubt den Gesang
von Wehmut und Vergangenheit.

Milan E. Wenzler

In Oberndorf am Neckar 1971 geboren, zwischen ländlicher Anmut und industriellem Ringen, im Schwarzwald auf einer Klosterschule Glaubensinhalte aufgenommen, Haltung entwickelt, Abitur 1991 am humanistischen Gymnasium in Rottweil, Studien der Geisteswissenschaften in Konstanz am Bodensee. 1997 Aufbruch zum Handwerk in Hamburg, 2000 erschwert durch seelisches Leiden beruflicher Einstieg in Brüssel, Studien vervollständigt, Familiengründung, 2002 Handwerk und politisches Ringen in Hamburg, Trennungsweg, 2006 Speiseberatung in Konstanz und 2012/13 Ringen um akademischen Grad und Meisterbrief.

»Meinen Lieben – die ich selten spüre.«

Bekennt doch Eure Farben

Bekennt doch Eure Farben,
schwarz, weiß oder von mir aus grau –
alles kommt mit Licht zutage – sei es
durch synthetische Sonnen – unkluge Frage.

Wisst Ihr denn nicht, dass wenn vergeht
doch der Sterne Schein, saugt etwas
mit aller Kraft die Materie ein – ein schwarzes Loch,
ein Nichts soll dies sein. Ist dies auch nur zum Schein?

Denkt doch an die Kraft, die das All geschafft.

Bei diesem Spiel der Dinge wird doch nicht geblufft.

Sinnlos scheint demnach nur unser tun, gibt es Gott oder
gibt es ihn nicht? –
Das Uhrwerk der Gezeiten stört dies alles nicht.

Warum also woll'n wir immer bei dem Alten bleiben,
lasst uns doch, solange diese Welt zusammenhält,
auf ihr sinnlich treiben.

Fortgehen mit der Zeiten Wende müssen mer' all,
ganz egal wie groß der Hall.

Spüren wir in unsren Sinnen all, in wessen Tiefe wir eintauchen,
so als ob auch ich und du eins sind seit anno dazumal.

Ob Pflanze oder Tier, jedem muss man des Glaubens Muse gönnen.

Irre da wer nicht offen glaubt, der dreht an den Zeitenkräften,
bringt alte Geschichte wieder in den Verlauf.

Gewissen sollen wir befragen, doch zugegeben, wer hat den hungernden
Kindern dieser Welt versäumt zu Tische bestellt

Ja, das liebe Geld,

    schmeißt es doch weg, denn wertlos wird es sein, solange es
    nicht hat den Wert zum Tausch für diese hilflos Kinderlein
    und der Katastrophen Opferstein.

Bekennt Euch, gebrochene Farben bilden Gottes Schein, können sich
spiegeln, Bekenntnis kann niemand überflügeln.

Früchte

Wer steht inmitten des Lebens, hat keine Früchte der handelt
vergebens.

Mittel aus Ehren, Fleiß, Raub und sei es auch Sold, bleiben nur haften,
wenn dein Herz aus Gold. Dann überdauern sie der Zeiten Tod und Leid,
werden der nächsten Generation zur Gerechtigkeit,
Münzen,
Medaillen,
Orden,
Urkunden zum Geleit.

Du musst dich nur bücken, um sie zu pflücken.
Ein Leben nur steht dir zu, zu erkennen, benennen
Was dein und was mein, was unser – was nicht.
Vergiss – die, die tapfer verlassen, Schreiten nicht!

Gute Geister – böse Geister gibt es nicht.
Was und wer in dir wohnt oder trohnt entscheidest du.
Deine Triebe, Gefühle, Instinkte kommen dazu.

Wer steht inmitten des Lebens, hat keine Früchte der handelt
vergebens.

Begierde

Sinnhafte Begierde kannst verbergen, nicht
Rausch, Gier und Sucht Dich beschneiden, wo kein
Neiden, fährt die Freiheit fort, erhebt Dich
an Deinen Ort und Du kannst Dich marienhaft schmücken,
wirst Dich aber nach mehr Begierde bücken, solange
Du nicht findest einen blauen Faden,
der verteilt die Gnaden, denn ein Begierden Band
in einer Hand lässt leben, sich in Gesellschaften verweben, spielt
einher bis eine Liebe sich hat gezeigt,
dann ist das Band wirklich auf des Begierden Sinnlichkeit geneigt.

Kreise der Gunst

Die Sonne tanzend im Wasser zirkuliert,
    Du von dem Anblick voll echter
    Ehrfurcht fasziniert.
Das Wasser rauschend in Wellenschlägen begrüßt,
    Du vom Empfang dieser Schönheit
    benommen.
Der Weg beschritten nun in gelassener Aufmerksamkeit
    Du beim Begegnen erhälst
    Blicke der Gunst zum Geleit.

Vom Sammeln und Beschreiben

Sammeln und Beschreiben
Sichtbares schaffen vom bunten Treiben.
Aufklärung schaffen, die Werte
und deren Wandel gut belichten –
Worte verdichten.

Über des Wesens Sinne
wachen, die Schlechtigkeit
hindern am Entfachen.
Kämpfe in Podien leiten, welche
kann Jedermann und Frau beschreiten.

Vielfalt an Kulturen, Sprachen
und Religionen lebendig erhalten
statt verwalten – Gemeinsamkeiten
voranstellen und Unterschiede
respektieren, Freiräume schaffen
statt annektieren.

Verantwortung zumessen –
jede Macht verschränken, dabei
an die Kräfte des Göttlichen
denken.

Des Menschen Innerstes soll
lenken, – Schuld erkennen und
auch reuen dürfen, sich von der
Einfachheit beschenken.

Des Sammeln Lohn handelt
sich ein/e Jeder/Jede selber
ein – den trifft das wahre
Glück allein

Wer so schafft und viel
beschreibt wird ein Stückchen
weiser sein – darf auf seinen
Wegen freier sein und
wandert nicht allein.

Hanjo Winkler

Hanjo Winkler, geboren 1940, 1946 aus Schlesien ausgewiesen, Ausbildung zum Technischen Zeichner, nach Krebserkrankung und Verlust des rechten Armes Studium der Sozialarbeit und Tätigkeit als Sozialarbeiter, zuletzt 23 Jahre als Bewährungshelfer. Von einer Studienreise durch Nord- und Südamerika mit seiner Ehefrau Erlebnisberichte für die Wochenendbeilage der »WAZ« verfasst, nun pensioniert.

»Feinfühlige Gedichte streicheln die Seele.«

– Wachstum –

Ein
Sonnen-Strahl
DEINES
Wesens
Lässt
DIE
Knospe
Meiner
Erkenntnis
Reifen! –

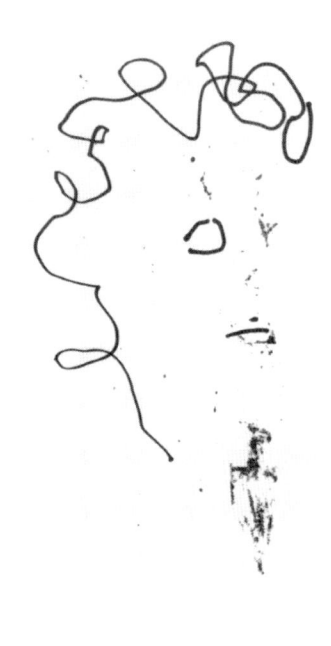

– Reife-Zeit –

Widerwillig
Folgte ich
DEINEM
Ruf
In die
Stille
Manchmal nur.
Später
Kehrte ich
Jedoch
Reich
Beschenkt
Zurück! –

– *Idealist* –

Mit
Starkem
Flügel-Schlag
Widrigen
Winden
Trotzen.
Kurs
Halten.
Erschöpft,
Aber
Überglücklich
Am
Ziel! –

– *Vertrauen* –

DU
– Schöpfer –
Warst dabei,
Als man mich zeugte,
Und DU
Wirst es DIR
Nicht nehmen lassen,
Mir selbst
Die Augen zu schließen,
Um sie
Aufs Neue
Zu öffnen
Für immer! –

Hanjo Winkler

Harald Wirtz

Harald Wirtz wurde am 16. November 1975 in Solingen geboren und ist in Langenfeld aufgewachsen. Heute lebt und arbeitet er in Düsseldorf.

»Ein Gedicht öffnet die Augen und Herzen der Menschen.«

Zwei Brüder

Es waren mal zwei Brüder,sie mussten sich trennen.
Der eine blieb in Afrika, der andere tat Richtung Europa rennen.
Die Brüder hatten Kinder, sie blieben in Afrika.
Und die Kinder des anderen erreichten Europa.

Nach einigen Jahrtausenden:

Nach einigen Jahrtausenden waren die Kinder froh,
ob Europa oder Afrika, sie hatten keine Not.
Doch dann kamen drei neue Brüder, von den Kindern Europas erfunden.
Sie heißen Rassismuss, Kolonialismus und Kapitalismus,
doch es sind schlimme Vagabunden.
Sie rannten so schnell nach Afrika und über die ganze Welt,
sahen ihre älteren Brüder als unwert an, und hielten sich für den Held.
Sie taten, was ihnen gefällt.
Sie scheffelten sehr viel Geld.

Zwei Ex-Brüder:

Es waren einmal zwei Ex-Brüder, sie hatten sich entfremdet.
Der eine ist weiß und geizig geworden.
Der andere ständig krank.
Nun müssen sie sich wieder verbrüdern.
Der ganzen Welt zum Dank.

Sensation

Dieser Menschenhaufen braucht Sensation,
so wie die Menschen im alten Rom.
Wir halten uns für sehr human,
doch was gezeigt wird, ist infam.
In Rom, da gab es totes Fleisch,
bei uns wird nur die Seele weich.
Der Mensch will Sensationen sehn,
wird deshalb immer weiter gehn.
Die Medien, die machen mit,
des Menschen Leid ist hier der Hit.
So sind wir alle psychisch krank,
den Medien sei Dank.

1. Morgenstunde

Hier sitze ich am Frühstückstisch, das Leben kann beginnen.
Hier sitze ich am Frühstückstisch, noch nichts Böses im Sinnen.
Hier sitze ich am Frühstückstisch und hoffe, dass der Tag mich so mag,
wie ich das Frühstück.

2. Lebenspläne

Ich plante mein Leben, war alles perfekt.
Doch der Erfolg hatte sich vor mir versteckt.
Nun mache ich keine Pläne mehr,
und merke: Das Leben gibt trotzdem was her.

Moderne Zeit und Wert der Arbeit

Hier ist die moderne Zeit,
alles kannst du machen!
Hier ist die moderne Zeit,
immer was zu lachen!
Hier bekommst du's angeboten,
ob erlaubt oder verboten!

Und so ist der freie Mensch
ganz allein auf sich gestellt,
und erst recht, wenn er hat Geld.
Denn die Entscheidungen sind schwer:

Brauch ich wenig oder mehr?
Und was ist überhaupt der Sinn?
Spaß zu haben ohne Ende?

Da lob ich mir die harte Arbeit,
die Sehnsucht nach dem Feierabend.
Die Abende nach Sommerhitze,
wenn ich nach getaner Arbeit
auf meinem Sofa sitze.

Gertraud Zenker

Gertraud Zenker wurde 1954 geboren und ist auf dem Bauernhof ihrer Eltern aufgewachsen. Nach dem Abitur studierte sie Anglistik und Germanistik in München und in Hull/Yorkshire, was sie mit dem Staatsexamen abschloss. Sie ist verheiratet und hat drei erwachsene Kinder. Sie veröffentlichte bereits in »Das Gedicht lebt!« 2008 und 2010.

»Ich liebe die dichte Aussage von Gedichten«

Rechnung und Gegenrechnung

Alles eine Frage der Finanzierbarkeit
– Geborgenheit –
Rechnet sich das?
– Wo die Güte und die Liebe wohnt –
Alles eine Frage der Finanzierbarkeit
Entscheidend ist ein gutes Vermarktungskonzept.
– Wo wohnt der Herr? –
Herr S. von der Versicherung ist der Mann Ihres Vertrauens.
– Vertrauen –
X-prozentige Erhöhung der Steuern und Abgaben ...
– Geben wir etwas ab (?,!)
Was bleibt ist der Reingewinn von ... –
Was bleibt ist die Liebe. –

Gold

Der Goldpreis steigt
Für schwere Barren – eine harte Währung.
Aber ich habe auch Gold vor dem Fenster,
leicht tänzelnd im Wind, lebendig,
in verschiedenen lichtvollen Schattierungen,
zwar nicht von bleibendem Wert,
aber immer wiederkehrend.

Wünsche

Verwegene Wünsche wehen im Raum
Warten und wabern und schweben
Und stürzen ab – Realität!
Wieder Wehmut, wo ein Wort?
Fiebernd und vibrierend am kalten Ort
– Zitternd. –

Freundlichere Gefilde,
ein lieberes Lächeln,
wärmere Worte wünsche ich mir.

Mein Ort – Bilder einer Kindheit in H.

Die Häuser duster und derb,
hart aufgereiht an der steinigen Straße,
aber die Mooserde weich und warm,
fruchtbar hervorbringend aus dunklem Schoß.
Nicht weit davon kiesiger Grund –
Auch dort sprießt's leicht und locker.
Der Duft von Pfefferminze dringt
hartnäckig durch die Ritzen der Häuser.

Ein Lieblingsplatz am Bach, dunkel glitzernd,
gesäumt von Blumen: roten »Blutstropfen«
und Dotterblumen, gelb und satt.
Im lebendig plätschernden Wasser,
kleine, flinke Fischchen, die die Hand nicht erwischt.

Auf dem Schulweg nach Hause eine Schar schnatternder Gänse,
die hochaufgerichtet, schier übermächtig mit den Flügeln schlagen.

Später dann Sommer am Mühlbach:
Fröhliches Kinderlachen, Baden, sogar Schwimmversuche
Und Schlauchbootfahren auf alten Gummireifen.

Nicht zu vergessen die Birken im Frühling –
Weiße Stämme vor schwarzer Mooserde,
lockend wie junge Mädchen
in ihrem zartgrünen Blätterkleid,
die der Wind zum Tanz auffordert.

Im Herbst die Kartoffelfeuer nach getaner Arbeit.
Lachend verspeisen wir die gebratenen Kartoffeln mit dreckverschmiertem Gesicht.
Aber am Morgen die Nebel kalt und klamm,
jeder Weg im Ungewissen endend.
Der Winter kriecht mit Eisblumen an den Fenstern
bis in die Häuser hinein.
Am Morgen schürt Mutter den Ofen in der kalten Küche
bis es warm wird an Fingern und Zehen und ums Herz.

Weiße Landschaft

Die Landschaft weit, weiß und leis
Ruht anschmiegsam in weichen weißen Kissen
– Hinter Raureifbäumen Nebelschleiern –
Reine Vollkommenheit schwindet im Ungewissen
Am grau-weißen Himmel ein fahles Licht
– ob das, was groß dahinter liegt noch durchbricht?
Es ist nur ein Hauch, von dem, was wir wissen.

Kirschblütentraum

Ein Traum von Kirschblüten über dem Teich
Voller Schönheit und Zärtlichkeit –
Ein kleiner Windstoß –
Und der Traum verschwendet sich
über dem glitzernden Wasser.

Sonne innen

Das Gesicht in die Sonne halten,
die warmen Strahlen spüren,
die Perlen auf dem nassen Gras einsammeln,
ein Licht von innen erstrahlen lassen.

Neues Leben

Frühlingsboten auf leisen Pfoten
Spitzen scheu in Farbe hervor.
Das Grün wird satter, die Wiesen glatter
Und wärmend holt die Sonne hervor,
was erstarrt die Natur übern Winter verlor.
Verlor? Nichts ist verloren, nur in sich ruhend gesammelt die Kraft.
Nun wird neues Leben geboren, voll Trieb und voll Saft.
Es entsprießt ein Wunder aus der Erde Schoß.

Und ein Wunder ist's
dass Christ ersteht und will uns erheben
vom Tod zum Leben
gewaltig und groß.

Zugvögel

Vögel tun sich zusammen.
Sie haben ein Ziel,
bilden eine Formation,
geben dem Himmel ein Gepräge,
aber rasch entfliehend
ihrem Ziel entgegen.

Ich stehe auf der Erden,
blicke nach oben, ihnen nach,
kann mich nicht lösen aus meiner Verhaftung.
Um zu bestehen, suche ich einen Grund in mir.
Doch allein kann niemand bestehen.
Auch ich nicht.

Flügellahm

Über die Sprachlosigkeit hinwegsetzen
Der Meinung ein Gesicht geben
Rückgrat zeigen
Einen Standpunkt haben

Aber: Ich verstumme, finde keine Worte,
konturlos,
brech' gleich ab
schwankend
flügellahm, die Flügel gestutzt,
eine Last auf meinen Schultern,
die ich nicht tragen kann

Tanzen

Danke für dein frohes Lachen,
Bewegung und Musik,
auch mal ein kleines Späßchen machen
und wenn nötig ein Gespräch.
Tanzen bringt die Freude wieder,
öffnet Herz und Sinn
und bewegt auch alle Glieder
und den Geist darin.
Dabei fest den Boden spüren,
der mich trägt und hält,
das Gleichgewicht nicht ganz verlieren
und den Grund der Welt.

Tanz der Farben

Schwer nach unten zieht die Erde
braun und bedächtig ruhig sich wiegend.
Doch schon sprießt's d'raus grün und fröhlich
Nach oben strebend und seitwärts sich biegend.
Blau und plätschernd hier ein Bachlauf, dort ein großer Wasserfall
Lustig hüpfend, vornüber sich stürzend zwischen Berg und Tal.
Zuckend fährt ein Rot dazwischen,
voller Energie und Kraft,
dahinter schwebt auf Elfenfüßchen
ein Rosa zart, fast meisterhaft.
Obendrüber strahlt die Sonne, ein leuchtend Gelb
sich verströmend überall.
Sie lässt uns erst die Farben sehen in dem großen Weltenall.

Hier und jetzt erwachen

In die Wirklichkeit erwachen
Aus tiefen Träumen,
Träumen aus der Nacht – unerreichbar,
Träumen bei Tag selbst gedacht und gelenkt.
– Doch dann in die Wirklichkeit erwachen.

Zeit

Zeit verloren
Zeit nicht genützt
Zeit unwiederbringlich
    Faul vertrieben
    Nichts geblieben
Mein Leben nicht gelebt
Schuldig am Leben

Zeit geborgen
Zeit verwirkt
Alles stirbt.

Oder Spuren hinterlassen?
Spuren hinterlassen, verloren im Nebel des Sternenstaubes?
Oder Spuren mit Gott ganz nah in Herzenstiefen?

Preisträger des Literaturwettbewerbs
»Frischer Wind in der Literatur« 2010/2011
der Sparte »Gedicht«

Sebastian Erni
* 30.04.1965

Die Mauer am Galgenbach

Am Stadtrand vergisst eine Mauer,
wie lange die Zeit schon vergeht.
Und neben unendlicher Trauer
wächst Moos aus dem brüchigen Beet.
Sie weiss nicht um Tag oder Stunde –
ihr Leben gleicht stillem Zerfall.
Doch naht ihr aus flüchtigem Munde
ein Wort: Sie erschauert im Hall.
In Ritzen verstummt das Gemunkel,
ertragen die Geister das Licht.
Bewahren die Steine ihr Dunkel,
solange die Mauer nicht bricht.

(1. Preis)

Klaus Ulrich Neulinger
* 19.01.1946

Winteranfang

Wenn uns're Sonne ohne Kraft
der frühen Nacht entgegen gleitet
und matt die flache Bahn beschreitet,
weil sie die steile nicht mehr schafft,
wenn lange Schatten fast gewaltsam
gleich schwarzen Zeigern einer Uhr
die späten Stunden der Natur
anzeigen, stumm und unaufhaltsam,
wenn alle Bäume müde werden
unter verwelkter, brauner Last,
und schließlich auch vom stärksten Ast
ein letztes Blatt tot sinkt zur Erden,
dann legt sich Ruh' auf alle Flur. –
Ein Schlaf umfängt der Felder Weiten,
ein Traum beginnt sich auszubreiten,
geträumt von sterbender Natur.

(2. Preis)

Ingolf Clausnitzer
* 21.04.1930

Buddhistische Gedanken

In euren Ästen
ihr Bäume der Erde
hausen die hungrigen
Geister der Welt.
Alles erfüllt sich
ohne Beschwerde
weil es sich duldet
und sich auch gefällt.
Bäume der Erde,
das himmlische Weben
erhebt euch zu Säulen
der gläubigen Macht.
Hier ist der Mensch
euer Ziel und sein Streben
hat euch die staunende
Achtung gebracht.
Wissen wir doch,
dass die Freiheit des Geistes
unter den Bäumen
sich sicher bestimmt.
Alles Bedenken darüber
beweist es,
dass Duldung dem Zweifel
die Finsternis nimmt.

(3. Preis)

ANHANG

Ausführlichere Angaben zu einigen AutorInnen

Wulf von Appen

Wulf Arwed Diether von Appen, geboren am 26.02.1927 in Schlesien, mit 16 Jahren Luftwaffenhelfer, erlebt Reichsarbeitsdienst, Wehrmacht, amerikanische Kriegsgefangenschaft, beginnt sein Jurastudium in Rostock, um es nach Flucht in die Britische Zone in Göttingen fortzusetzen. Mehrjähriger Aufenthalt in Sydney, Australien, dann Rückkehr nach Deutschland und Fortsetzung des Studiums, Erwerb des Diplôme Supérieur de Droit Comparé der Université Internationale de Sciences Comparées Luxembourg. Nach Staatsexamen Rechtsanwalt und Notar, Hauptgeschäftsführer und Justiziar der Architektenkammer Niedersachsen, bis 2000 Tätigkeit in eigener Kanzlei. In einem erlebnisreichen Leben wird das früh begonnene dichterische Wirken zur Reflektion von Erfahrungen, aber auch zum Schutzschild und zur Heimstätte des eigenen Ichs. Seine Gedichte beschreiben die Suche eines Betroffenen und mitfühlenden Beobachters nach Harmonie und Poesie. Wulf von Appen lebt heute in Ostfriesland.

Jana Behm

Jana Behm: 1963 wurde ich in Schlema geboren. Meine Kindheit verbrachte ich im Erzgebirge, wo ich wohlbehütet aufwuchs. Schon früh in meiner Kindheit entdeckte ich meine Liebe zu Büchern. In der Vergangenheit habe ich schon einige Bücher verfasst und habe dabei die verschiedensten Themen verarbeitet. Ich wollte immer mehr verschiedene Themen zu Papier bringen und entwickelte mit der Zeit die verrücktesten Ideen, die ich dann später niederschrieb. Neben meiner Arbeit als Büroangestellte habe ich außerdem ein Fernstudium im Journalismus absolviert und schreibe nebenher für einige Zeitungen Beiträge (www.Erzgebirgsautoren.de).

Sabahate Byci

Sabahate Byci ist am 17.07.1958 in Gjakove/Kosovo geboren und besuchte dort die Schule. Künstlerisch tätig als Poetin, Schauspielerin und Hobby-Malerin, flüchtete sie mit ihrem damals zehnjährigen Sohn Korab 1992 vor serbischer Verfolgung und Genozid nach Deutschland, wo sie nach einer geronto-psychiatrischen Ausbildung in einer Einrichtung arbeitet. Sie ist Mitglied des Schriftstellerverbandes des Kosovo und LSHASHGJ. Seit 1997 veröffentlicht sie gelegentlich in deutschen Zeitungen Gedichte. 2009 erschien mit »Lilien von Gjakove« ihr erstes Buch und 2010 »Die Minuten des Wartens«. Mit »Troyani« ist eine weitere Veröffentlichung geplant. 2011 gewann sie den ersten Preis des Kulturwettbewerbs der Insel Salamis.

Uschi Martens

Uschi Martens ist gebürtige Kölnerin. Sie verbrachte nach dem Krieg eine glückliche Kindheit im Rheinland. Seit ihrem zwanzigsten Lebensjahr lebt sie am Zürichsee. Sie absolvierte das Lehrerseminar im Kloster Wettingen. Dann wirkte sie viele Jahre als Primarlehrerin und gab insbesondere Deutschunterricht für Fremdsprachige. Mit ihren Schülern erlebte sie viele Kinderschicksale, konnte ihnen aber oft auch über die Sprache zu einem freieren Zusammenleben verhelfen. Ihr selbst bedeutet das Familienleben viel; sie ist verheiratet und hat zwei Söhne.

Ilse Perker–Mader

Ich wurde 1932 in Essen geboren und erlebte hier auch die ersten Kriegsjahre mit vielen Luftangriffen. 1943 bis zur Flucht im Januar 1945 kam ich nach Pommern. Mein Abitur legte ich 1953 in Essen ab. Danach ging ich für knapp zwei Jahre au pair erst nach Cambridge in England, dann nach Paris. Nach einem weiteren Jahr an der höheren Handelsschule studierte ich Germanistik, Französisch und Kunstgeschichte und verbrachte mein Berufsleben in den Lektoraten verschiedener großer Verlage in München, Stuttgart, Düsseldorf und Frankfurt. Für Reclams Universal-Bibliothek übersetzte ich die »Briefe aus meiner Mühle« von Alphonse Daudet und überarbeitete die älteren Übersetzungen von Gustave Flauberts Romanen »Madame Bovary« und »Salammbô«, sein Werk über Karthago. 1983 heiratete ich und zog nach Schmitten. Ich leitete hier einige Jahre die Außenstelle der Volkshochschule und führte zehn Jahre lang Wanderungen zu historischen Themen durch den Hochtaunus.

Hanjo Winkler

wurde 1940 geboren. 1946 musste die Familie Schlesien verlassen. Er arbeitete bis 1959 als Technischer Zeichner, erwarb 1960 die Fachhochschulreife und bereitete sich mit einem Praktikum in der Stahlindustrie auf das Ingenieurstudium vor. Durch eine Krebserkrankung verlor er seinen rechten Arm. Nach dem Studium der Sozialarbeit war er bis 1973 als Sozialarbeiter beschäftigt. In den 70er Jahren unternahm er mit seiner Ehefrau eine ausgedehnte Reise durch Nord- und Südamerika, über die er für die Wochenendbeilage der Westdeutschen Allgemeinen Zeitung berichtete. Bis zur Pensionierung im Jahr 2000 war der Autor als Bewährungshelfer tätig.

Aus weit über 2.800 eingesandten Beiträgen zu unserem Literaturwettbewerb

»Frischer Wind in der Literatur«

haben wir die folgenden ausgewählt, die in die engere Wahl für eine Preisvergabe kamen.

Die drei Hauptpreisträger sind:

1. Preis:
Günter Blechschmidt
(Seite 164)

2. Preis:
Jan Haveling
(Seite 178)

3. Preis:
Michael W. Friedrich
(Seite 175)

Stefanie Abels
* 05.08.1988

Ich wollte wachsen und wuchs in mich hinein.
Ich wollte immer jemand anderes sein.
Doch es ergab keinen Sinn,
Denn ich bin so wie ich bin.
Ich wollte reich und beliebt sein.
Doch im Nachhinein,
Habe ich bemerkt,
das alles ist verkehrt.
trotz der größten Mühen
voller Stolz zu glühen,
voll Freude Funken sprühen,
mich mit Erfolgen rühmen,
werde ich nur erreichen,
stelle ich mir selbst die Weichen.
Niemand nimmt mir mein Leben ab.
Keiner nimmt mir, was ich hab.
Manches Glück ist nicht gerecht verteilt,
doch wer zu lange in Gram verweilt,
wird alsbald erkennen
der schönen Dinge gibt es viele zu nennen.

Helga Aberle
* 20.02.1947

Schau mich nicht an

Schau mich nicht an –
es verletzt mich nicht, dass du gehst;
du darfst glauben, Verständnis hab' ich für alles,
was es auch sei
doch
schau mich nicht an –
du hast dich entschieden, nun gegen mich;
Sonne sich nur wenig verdunkelt
als du ganz nebenbei sagtest: »Also, ich geh«
doch
schau mich nicht an –
was gesagt werden musste, es ist gesagt;
werde künftig also ohne dich leben –
habe nicht nach deinen Motiven gefragt
doch
schau mich nicht an –
was vorbei, ist vorbei;
es ist gut, dass du gehst und –
nein, ich werde nicht weinen.
doch
schau mich nicht an –
nun pack deine Sachen und geh' schon;
nun, auf was wartest du noch?
habe mein Herz in den Händen und es schmerzt nicht einmal
doch
schau mich nicht an –
mein Mund, er lügt leicht;
Worte entspringen der Kehle wie unechte Perlen
meine Augen jedoch vermögen nicht zu lügen
darum
schau mich nicht an –
ich will nicht, dass sie dir sagen, wie traurig ich bin,
dir zeigen, dass ich weinen – dich auf ewig vermissen werde.

Stephanie Andrzejewski
* 27.08.1991

Die Heckenrose

Im tiefsten Winter erblüht meine Heckenrose –
und zerfließt unter den Blicken derer,
die meine Wahrheit zu kennen glauben.

Jene, die um die Erkenntnis wissen
und doch allein verbleiben
im selbst auferlegtem Unwissen

Weint nicht um mich, ihr führenden Stimmen,
denn mein Sandsturm war frei.
Euer Flüstern erreicht mich nicht
im rufenden Traum
Greift nicht nach mir, ihr wegweisenden Hände,
denn ich suche allein.
Eure Berührung fesselt mich nicht
in freien Gedanken

So lebe ich meine Perfektion
und bin was ich sein muss
in jedem Atemzug.

In jedem Winter erblüht meine Heckenrose –
zerfließt sie auch unter fremden Blicken,
für dich bleibt sie meine Wahrheit.

Leonard Beck
* 07.07. 1986

Spurensuche im Verlangen

will toben will stoßen will stürzen
will sparen will fangen
muss fressen

vergangen

soll schreien soll schmeißen soll leiten
soll fühlen soll kreisen
muss bangen

um das neu entdeckte Zaubermahl

vom Schweiß gekühlt vom Druck verschont
vom Klang umschwebt
zum Tal
durch strahlende Tore schreitend
in enge Gänge gleitend
die Augen weitend

um sich zu finden
und zu verlieren

im Splitterstaub lang geglaubter Momente

so ganz unbefangen
das Verlangen

Urte Behnsen
* 1957

Waldspaziergang

Warme Frühlingssonne,
welch ein Genuss,
auf meinem Gesicht
wie ein erster Kuss.

Ich schließe die Augen,
denke an dich,
wünsche mir sehr,
du liebtest mich.

Ein Vogel singt,
sonst ist es still,
mein Herz fühlt zärtlich
– Frühling im April.

Ich lausche –
ein Specht klopft leise,
weckt den Wald
auf sanfte Weise.

Mit allen Sinnen
spaziere ich,
atme tief
und freue mich.

Mara Berg
(Carola Bontsch)

Du und Ich

Gebraucht, verbraucht, schon Falten.
Mit über 40 noch Liebe
oder nur noch die Alten?

Sehnsucht, Treue, Lebensgier.
Der Zweifel hält sich
ist wirklich Liebe tief in mir?

Humor, Vertrauen, Toleranz.
Ob wir tatsächlich ehrlich waren
zeigt erst am Ende die Bilanz.

Träume, Tränen, Illusionen.
Verantwortung trägt jeder selbst
und Vorwürfe sich doch nicht lohnen.

Du und Ich und Zärtlichkeit:
Mit Liebe, Glück und
für die Ewigkeit.

Alexandra Bernhardt
*25.05.1977

Einsamkeit

Schleichend kommt sie in deinen Körper
frisst sich durch deine Haut.
Sie bleibt tief drinnen in deiner Seele.
Keiner kann sie hören oder bemerken.
Hilfeschreie dringen nicht nach außen
– gefangen mit der Einsamkeit –
Gibt es einen Ausweg?
Wieder zu sich selbst finden
ist von großer Bedeutung.
Es zu schaffen, kostet immense Kraft.
An sich glauben, neue Hoffnung schöpfen.
Wieder lachen und Freude am Leben haben
und dies mit lieben Menschen teilen.
Erst dann hat man sie besiegt

– die Einsamkeit –

Elke Bischoff

Zerbrochenes Glück

ES GIBT KEINE VERANLASSUNG
FÜR DIESE GEFÜHLE.
Betoniert,
eiserne Gitter,
schwarzgrau,
Tag und Nacht
begleitend,
stehen sie da,
DIESE WORTE,
die,
einsperren,
eingrenzen,
abschirmen.
Keine Nebelschleier,
keine matte Schattierung,
keine Fata Morgana,
DIESE WORTE.

Langsam splittern
Scherben
bunter Bausteine,
das Mosaik bricht,
bevor seine
einzigartigen Farben
erleuchten konnten
im pastellfarbenen Glanz.
Nichts zu retuschieren,
nur
DIESE WORTE.

Susanne Blasi-Helzel

Sehnsucht nach Aufbruch

Hinter beschlagenen Pupillen
rankt ein wankender Lebenswillen –
in den dunklen, trüben Räumen
versucht der Geist sich aufzubäumen.
Sucht das Licht und sucht die Quellen,
dass sie müden Mut erhellen –
raus aus tiefen Tälern, Schluchten,
bebend sich ins Leben wuchten.
Atmen tief die Luft der Erde –
neu beginnt das Werde, Werde.
Wie die Kälte weicht dem Frühjahr,
so wird das Auge wieder klar,
und der Geist zerstört die Türen –
nur Licht und Weite soll uns führen.

Cornelia Boll

Sphärenklänge

Sphärenklänge
wie Kristalle
umspannen das irdische Leben.
Dargereicht
von ungehört Erforschbarem,
welches das Weltall durchzieht.
Nie Gekanntes
funkelnd und farbenprächtig
dargestellt,
erdacht und verbunden
mit Schönstem,
als Kristalle,
Sphärenklänge.

Günter Blechschmidt
* 22.06.1938

Wanderung in der Schönheit des Frostes

Eiskristalle sind entstanden,
Winter streut sie elegant,
gleich geschliffnen Diamanten
funkelnd übers kalte Land.

Rauer Frost hat all den Zweigen
seine Schönheit anvertraut
und mit ihrer Last verneigen
sie sich dem, der danach schaut.

Und ich wandre durch die Gärten,
weit hinaus ins offne Feld,
spüre nicht des Frostes Härten;
er verziert die öde Welt.

Weiter folg ich seinen Spuren
aus der Erde stillem Hauch.
Bin entzückt von Eisstrukturen,
überall, an jedem Strauch.

Leuchtend weiße Wintersterne
zeugen von des Künstlers Hand
der Natur, doch allzu gerne
löst ein lauer Wind das Band.

Annette Borgert

Das Schweigen

Die Frage steht zwischen uns,
ausgesprochen schwebt sie im Raum.
Du schweigst.

Die Stille nagt an mir,
frisst mich von innen auf.
Warum antwortest du nicht?

Ich halte es nicht länger aus.
Ich hebe den Kopf,
ich sehe dich an.

Ich warte auf deine Antwort,
die doch jetzt kommen muss,
doch du senkst den Blick.

Du schweigst noch immer
und gibst mir damit die Antwort,
die du mir doch verweigerst.

Ich schnappe nach Luft,
unfähig das zu glauben,
was du mir mit deinem Schweigen sagst.

Noch immer stehen wir schweigend voreinander.
Du hebst den Kopf und siehst mich an,
doch ich senke den Blick.

Wir haben geschwiegen,
doch alles wurde gesagt.
Und das Schweigen hat uns
zu Fremden werden lassen.

Rebecca Botta
* 23.11.1962

eingelöstes versprechen

handschuhe
verspreche ich dir.
verlorenes tier, du fängst es ein.
schlechte noten, du lachst sie fort.
tote haustiere begräbst du.
rezepte
erfindest du mir.
für das bessere leben
gibst du die heimat.
handschuhe ruhen auf fremder erde.

Henry Bren d'Amour
* 19.12.1952

Es ist junge Nacht

Ich stehe auf dem Dach eines Hochhauses.
Ich bin nicht schwindelfrei,
verharre im Fadenkreuz.
Doch der Wind trägt mir alles zu,
führt mich schließlich behutsam
Richtung Abgrund.
Gepackt von der Sehnsucht der Tiefe
genieße ich mit jedem Schritt vorwärts
die Angst in mir.
Schon lange nicht mehr
habe ich die Freiheit so sehr gespürt.
Mein aufwogendes Wissen vom Leben
zerbricht
an einem Albtraum, einer Brüstung.

Nur der Wind bleibt.

Martin Bretschneider

Im Schilf

Das Schilf im dichten Nebel macht süchtig.
Ich kann darin eintauchen und mich im Nichts auflösen ...
Es ist allein eine Sache des sich Anvertrauens, des sich Einfügens
in ein Stück andere, unsichtbare Welt.
Bachaufwärts breitet sich das Schilf immer weiter aus und führt direkt
ins »Große Moor«. Sein dichter Nebel bietet mir Schutz, wenn ich ihm einen
Teil meiner Sinne anvertraue, einen Teil meiner selbst überlasse:
Ein geheimnisvoller Pakt auf Gegenseitigkeit. Im Gegenzug hoffe ich etwas von
dem zu erfahren, was das Schilf mir verborgen hält.
Was ist es, das mich immer wieder hierher lockt, mich nicht umkehren lässt?
Was ist es, das mich wie magisch anzieht und meine Gegenwart zeitlos
werden lässt?
Den Bachlauf kann ich nur erahnen, aber ich kenne seinen Klang und kann ihm
vertrauen: Jetzt nicht stehenbleiben ... mich leiten lassen
in unsichtbare Weiten ...
Das Schilf im dichten Nebel macht süchtig.
Es saugt mich auf. Es gibt keine Grenzen ...

Andreas Brunner
*24.01.1968

Über sanften Hügeln

Über sanften Hügeln,
fließet warmes Licht.
Die Sonne durch die Wolken bricht.

Der Wind singt sein Lied dazu,
in meinem Herzen herrschet Ruh.
Ein Vogel breitet seine Schwingen,
erhebt sich hoch ins Himmelszelt.
Von Ferne helle Töne klingen,
mein Blick sich mehr und mehr erhellt.

Weiße Wolken ziehen sacht dahin,
so sanft, wie ich im Wiesengrunde bin.
Gott hält mich im Glück umfangen,
keine Angst und auch kein Bangen.

Meine Seele weitet sich,
mit Liebe angefüllt für Dich.
Hand in Hand mit Dir zu Leben,
mit den Wolken mit zu schweben!

So könnt's für mich der Himmel sein,
auf sanften Hügeln,
mit Dir allein.

Bernd Buhr
** 13.04.1957*

Nach hinten gelehnt, mein Blick wandert zaghaft nur.
Seh' behutsam Menschen durch die Kathedrale streifen,
nachdenklich, still bewundernd die Architektur.
Was mag ihr Herz wohl grade im Moment ergreifen?

Die Fremden wirken sicher, im Ambiente erfahren,
beherrscht sie ein Geheimnis oder antrainierte Fertigkeit?
Doch unverhofft entdeck ich in so manchen Augenpaaren
ganz viel Rührung, Demut, hier und da auch Traurigkeit!

Mein Schauen geht zögernd aufwärts, immer wieder,
animiert durch rätselhafte Kräfte, magisch vehement.
Hör' Orgelklänge, anmutig herzergreifende Lieder,
Engel zeigen himmlische Legenden hoch am Firmament.

Weiß nicht so recht, wie ich mich hier benehmen soll,
wohin die Augen, Denken und Empfinden zielen.
Bin vermutlich von Verlegenheit und Skepsis voll,
weil nicht gewohnt, in diesem Fluidum mitzuspielen.

Sitz fast verlassen, im tiefen Traum versunken hier.
Bizarre Emotionen, kaum durch Worte zu beschreiben.
Dennoch, fühl mich behütet, keiner stört sich an mir!
Empor die Frage: Darf angsterfüllt ich auch hier bleiben?

Man sagt doch, alle Erdenbürger Gottes Kinder seien,
hörte, die Menschen könnten sich Dir anvertraun.
Hier wär' ein Ort, der würde Kraft und Mut verleihen,
wohl deshalb drängt's mich, abermalig aufzuschaun.

Der Raum ist kühl, doch Seltsames erwärmt mein Herz.
Ein scheinbar Zauber mich ergreift, macht plötzlich Mut,
Dich lautlos drum zu bitten: Behüte uns vor neuem Schmerz,
nimm meine Angst und hilf, damit der neue Tag wird gut!

Gibt's für mich überhaupt ein Recht, Dich derart anzuflehen?
Bin hier im Haus doch nur der eingedrungne, seltne Gast!
Verzeih, wenn ich die Welt bisher mit andrem Blick gesehen,
doch hab nun, jede Chance zu nutzen, den Entschluss gefasst!

Nein, bettle nicht für mich, beileibe nicht aus Eigennutz.
Will Dir offenbaren, was meine tiefsten Träume sind.
Begehr' für meinen Engel Deinen sichren Schutz.
Für's Allerliebste, was ich hab! Ja, es ist mein Kind!

Plötzlich rinnt sie leise durch die Furchen im Gesicht,
schon folgt die nächste, sie verbergen kann ich nicht.
Warum auch sollt' ich mich denn derer schämen?
Man sagt, sie wär'n das ›Blut der Seele‹, solche Tränen!

Lea Chim
* 10.06.1965

Erinnerung

Erinnerung ist, was uns für ewig bleibt,
sie überdauert jeden Raum und alle Zeit.
Sie treibt uns an und sie bremst uns aus,
ist größter Segen und auch größter Graus.

Nur die Spitzen von Höhen und von Tiefen
graben sich dann ein, wie lange Riefen,
Die größten Freuden und der tiefste Schmerz,
bleiben erhalten und steuern uns das Herz.

Keine Zeit heilt je diese Wunden,
wenn man nicht einen Freund gefunden,
der den Schmerz und das Leid versteht
mit einem durch diese Hölle geht.

Doch Narben bleiben stets erhalten,
sie lassen sich nur noch verwalten,
man muss sie ganz behutsam pflegen
sonst vergiften sie das ganze Leben.

An kleinen Dinge sich jeden Tag erfreuen,
davor sollt man sich nicht scheuen,
sonst wird der tägliche Lebenskampf
irgendwann zu einem Krampf.

Die schönen Momente in einem Leben,
sollten uns die Kraft dann geben,
für sich und andere da zu sein,
und wer das schafft, der ist niemals allein.

Helen Christen

Gedichte

Verachte mir nicht, mein Sohn,
die Kunst der Gedichte!
Denn in ihnen gerinnt,
wie das Leben sich fügt.

Vergleichbar sind sie der Notration,
die ein Forscher mit sich führt,
wenn er einsam folgt
den Pfaden der Seele.

Träume sind sie, die
erjagst du in der Gunst
eines schnellen Schlages
deiner Wimpern.

Klein verpackt sind sie
und leichtes Gepäck.
Zu Zeiten des Hungers entfaltet,
spenden sie die Nahrung des Trostes.

Das flüssige Erz des Tages
gießen sie in Formen
bis es wohltuend tönt
wie mächtige Glocken.

Blumen am Abgrund gleich
halten sie dich nicht –
aber sie grüßen
im wirbelnden Fall.

Christa Degemann

Nur ein Stein

Bildhübsch
das Mädchen
mit dunklem Haar
Sitzt am Fenster und schaut
Sieht auf die Straße
Sieht Kinder beim Spiel
Und darf doch selbst
nicht hinaus

Wo geht es hin
Was nimmt es mit
Die Puppe
Den Ball
Die Klötzchen

Es braucht keine Puppe
Es braucht keinen Ball
Hier ist kein Platz
für Klötzchen

Hier ist kein Platz
für ein Judenkind
vier Jahre
kein einziges mehr

Zu Asche zerfallen
Das Kind
Das Mädchen
Die Frau

Nur der
Name im Stein:
Yvonne

Ein »Stolperstein« vor ihrem ehemaligen Wohnhaus in Havixbeck (Westfalen) erinnert an ihr Schicksal: Yvonne Gerson – geb. 06.07.1938, ermordet in Auschwitz 1942.

Henrik Dewes

Ende

Alles, was ich kann, ist, das Ende herbeizuführen
Es schmeckt trocken und klebt zwischen den Zähnen
Wie Wüstensand, der die Hoffnung begräbt.
Der Sturm ist vorbei, aber sei nicht traurig,
du hast ihn erlebt und bekämpft.

Alles, was ich kann, ist, dir das Ende zu erklären
Es ist windstill und ruhig und der Himmel erstarrt
Wie Götter, deren Marmor zerschellt.
Endloses vergeht und wird endlich, aber hab keine Angst,
du hast sie erlebt und an sie geglaubt.

Alles, was ich kann, ist, das Ende zu erzwingen
Es gibt dir Freiheit für neue Geschichten,
und du kannst entscheiden, welche Farben sie hat.
Die Einöde Schwärze, lass sie zurück,
du hast sie erlebt, du hast sie erlebt.

Ein leerer Raum voller Poesie
Das Streben nach mehr, und allem und viel
Erkenne, du weißt, wisse, dass du erkennst,
die Türen und Winkel der Wände
hinaus ins Ungewisse
mit Freiheit
auf den Flügeln des Anfangs:

Uwe Dollichon
* 20.12.1953

Wildes Meer und ruhiger weißer Strand

Ich bin so wild
wie tobendes Meer
wild übereinander schlagende
Wellen
gischtgepeitscht

Du bist angenehmer
weißer Sandstrand
unbeschreiblich weit ausstreckend
beruhigend
und umarmend einladend

Wir sind sehr
aufeinander abgestimmte Natur
gewaltig bei Flut und Ebbe
überschwemmter Strand
salzwassergetränkt

Diese Gegensätze
sind dir und mir
gemein
überspült und ertrunken
im wilden Meer

Liebenswertes tobendes
Meer
über ausladenden Strand
ist
der Tod
unserer Liebe

Iris Dommer
* 03.06.1965

Lebensmut

Warum bist du traurig, ich sehe es an deinem Blick.
Du gehst mir aus dem Weg, warum?
Lass die Wehmut zurück und bleibe nicht stumm.
Finde dich selbst und höre in dich hinein.

Ich gehe mit dir, nur wenn du willst, ein Stück.
Erzähle mir von dir, ich höre zu.
Lass die traurigen Gedanken zurück und rede mit mir.
Finde dich selbst und höre in dich hinein.

Es ist schön, dass ich zuhören darf, ein wahres Glück.
Ich bin froh, dich erreicht zu haben.
Lass den Neid, die Missgunst der anderen zurück, hier wirst du geliebt.
Finde dich selbst und höre in dich hinein.

Vertraue auf den roten Faden, der dich führt ins Elternhaus zurück.
Ich reiche dir meine helfende Hand.
Suche die Nähe von ehrlichen Freunden, begleite sie ein Stück.
Finde dich selbst und höre in dich hinein.

Alles, was in dir ist, wird reifen und wachsen mit klarem Blick.
Du wirst verstehen, verändern und neu beginnen.
Lass gute, warmherzige Worte zu und schiebe die nichtigen zurück.
Finde dich selbst und höre in dich hinein.

Habe Vertrauen zu dir, Deinem Handeln und Tun.
Das Wort, welches dich führt, heißt Lebensmut.

Ritha Elmholt
* 10.07.1947

Die Nacht

Ein Stern steckt auf einem Zaunpfahl
während die Nacht der Eule huldigt und der Hure,
die in der Ecke stehend dem nächsten Freier auflauert,
wieder einem, der dort nichts zu sagen wagt,
wo er sagen müsste,
was ihn bewegt.

Ein silberner Engel leckt ihr
das Blut vom Zeh, entfernt den Draht und streichelt
zärtlich Balg und Flügel. Sie tritt sich aus der Gefangenschaft,
mit ihrem spitzen Absatz in sein Gesicht,
was weiß denn so einer
was sie will.

Aus der kleinen Gasse kriecht ein Junge
volltrunken und bepisst. Niemand ist da, der seine Hand
und ihn zu sich nimmt und sich seiner annimmt, dem er wichtig
und unentbehrlich ist, ein verwundetes Tier.
Sieht denn die Stadt
seine Not?

Hungrig läuft ein kleiner Hund
über die Fahrbahn und sucht ein Zuhause für seine müden
Beine und seinen leeren Schlund, für seine Liebe und Hingabe fehlt
ihm Freund Mensch und ein Platz.
Wo gibt ihm die Dunkelheit
was er sucht?

In der Piesel um die Ecke
vertilgt ein junges Paar sich beim Tango Argentino;
weltentrückt und fremd quäkt ein Bandoneon im Bierdunst;
die Silhouetten verschmelzen tanzend
in der lauernden Schwärze,
wohin?

Der Stern fällt während der Nacht
von dem Zaunpfahl auf das Haupt des alten
Nosferatu, der in der Ecke stehend dem letzten Morgen auflauert,
jenem, der ihm das Licht schickt,
das ihn zu Asche
zerstäubt

Isabel Epple
* 26.01.1991

Marionettenspiel

Sieh dieses Mädchen,
sieh es dir an,
wehrlos, hilflos
will sich befrei'n
und ist doch an Fäden gefang'n.

Doch dann,
sieh in ihre Augen,
sie ihren Willen,
sie ihren Wunsch sich zu befrei'n,
sie will nicht wie die Andren sein.

Nicht gefangen in einem Wunschcharakter,
das Aussehen angepasst verlieh'n,
möchte doch sie selber sein
und reist sich los von dem Bild,
das Äußerlich von ihr schien.

Sie rennt und läuft
und ist noch allein,
doch jeder träumt und hat den Wunsch,
auch endlich frei zu sein.
Frei wie ein Vogel,
frei wie der Wind,
ein Leben,
dass man selbst bestimmt.

Ein glückliches Lachen,
sie geht ihren Weg,
möchte doch sie selber sein,
aus allen Zwängen flieh,
um sich selbst du befrei'n.

Blickt nie zurück auf vergangene Stunden,
traurige Tage
und schmerzende Wunden.
Denn sie weiß längst wo sie hingehört,
ist auch die Hoffnung klein,
wer Freiheit will und Fäden löst,
kann wirklich anders sein.

Susanne Feldtmann

Zu spät!

Der Morgen ist da. Ich bin stark.
Tatkräftig wähle ich mein Ziel.
Großes will ich erreichen! Kraftvolles tue ich.

Lebenswerk, o Lebenswerk, du bist beeindruckend.

Dann wird es Mittag. Ich bin beglückt.
Berauscht folge ich meinen Gefühlen.
Angenehmes will ich spüren! Lustvolles entdecke ich.

Lebensgenuss, o Lebensgenuss, du bist betörend.

Der Nachmittag beginnt. Ich bin ahnend.
Vage begreife ich meine Vergänglichkeit.
Bleibendes will ich haben! Unheilvolles verdränge ich.

Lebensplan, o Lebensplan, du bist weisend.

Die Dämmerung zieht auf. Ich bin bitter.
Traurig spüre ich meine Erschöpfung.
Erbauendes will ich empfangen! Mühevolles verweigere ich.

Lebenskraft, o Lebenskraft, du bist nachlassend.

Es ist Abend. Ich bin erschöpft.
Müde betrachte ich meinen Leib.
Erquickendes will ich trinken! Kummervolles schlucke ich.

Lebenszeit, o Lebenszeit, du bist schwindend.

Es ist Finster. Ich bin leer.
Blind suche ich mein Zuhause.
Ankommen will ich doch! Grauenvolles begreife ich.

Lebensende, o Lebensende, du bist entscheidend.

Nun herrscht Gericht. Ich bin angeklagt.
Schreckensstar höre ich mein Urteil:
»Dich will ich nicht!« Schmerzvoll schreie ich:

»Lebenssinn, o Lebenssinn, du bist zu spät!«

Norina Fisch

Ein Blümlein

Hallo du, ich schau
dir beim Wachsen zu.

Die Kälte dein Mantel,
noch, und doch, du
wächst.

Noch ganz allein
und bald zu vielen.

Eine muss immer
die Erste sein.

Armin Leonhard Fischer

SETZ DIE SEGEL DEINER REISE
IN DER WÜSTE HEISSEN SAND
SCHLAG DEN ZIRKEL AUS DER MITTE
WEITE WEGE AUS DEM KOPF
NIMM DAS FERNGLAS VON DEN AUGEN
WIRF DEN KOMPASS ÜBER BORD
HINTERHER DER LÄNDER KARTEN
LEER DIE NETZE SCHWEREN WASSERS
KNOTEN AUF UND UNGEBUNDEN
LASS DEN ANKER LETZTMALS LICHTEN
DEINEM HERZ DIE LEINEN LOS
BERGE NEUE HORIZONTE
SIEBEN MEERE SEIN DEIN HAFEN
FRISCH IM WIND UND FREI VON FRACHT
DEINE WELLEN VOLLER LIEBE
TIEF UND BLAU DEIN STERNENSTRAND

Ingrid Franz
* 13.09.1957

Manchmal

Manchmal erreicht mich das Böse.

Manchmal erreicht mich das Böse,
zerreißt den Schleier meines Lebens,
steht da und zeigt sich in seiner unfassbaren Nacktheit.
Auch ich lege ab meinen wohligen Mantel der Geborgenheit,
das Hemd der Selbstsicherheit
und steige klein und zerbrechlich zu ihm in das Schwefelbad.

Manchmal erreicht mich das Böse,
lacht höhnisch über meinen sicheren Schritt,
gießt Öl auf die Stufen und wartet, bis ich strauchle.
Und ich, ich verliere die Balance, die ich hatte,
falle und falle ins Bodenlose,
um mich Gischt und Brandung, kein Halt und kein Oben.

Manchmal erreicht mich das Böse,
benutzt als Spielzeug mich eine Weile,
doch lässt achtlos mich gehen, sobald ich ihm langweilig werde
und zieht gurgelnd sich in die Tiefe zurück.
Triefnass steh ich in der Kälte,
dann steig ich auf die Stufen hinauf und wende mich der Sonne zu.

Joachim Franz
* 11.07.1976

Malkasten Leben

Tausend Farben hält der Kasten
Staunend bunte Flüsse kreischen
Niemals Jahreszeiten werden rasten
Wie ein Bettler wir nach Stunden heischen

Blüte geht und kommt in Sommerzeiten
Bitterkeit trägt mit der Seelenvogel in der Luft
Lass uns stolz und tapfer schreiten
Durch kaltes Geäst das Selbst verpufft

Doch reichen Augenblicke uns die Hände
Schmieden Innerweltenwände
So vergess ich jene Stunden
Die mir rissen Herzenswunden

Michael W. Friedrich
* 08.08.1978

Der einsame Klavierspieler

Sie silbernen Töne perlen
durch die helle Galerie,
hallen weiter durch die Räume,
getragen von der Bilder Träume,
einer längst vergess'nen Fantasie.

Sie wehen oben in dem alten Haus,
wo Sommerwind den Abend malt,
mit Sonnengold auf Wändekalk,
auf leichten Gardinen zum Fenster raus.

Claus-Peter Ganssauge
* 04.05.1927

Farbenlehre

Am Anfang war die Erde chaotisch, öd und leer.
Dampfschwaden krochen heiß aus grauenvollen Schlünden.
Das Land war ungeboren noch, es gab nur Meer,
und Leben auf der Erde war nirgendwo zu finden. –
Gewalt'ge Brocken trafen glühend auf die Erde
nach langer Reise irrend durch das leere All.
Äonen gingen hin, bevor Gott sprach: »Es werde ...
das Licht, die Luft, der Regen, auch Blitz und Donnerschall.« –
Erhoben hat sich Land, dem Meere war's entstiegen
und als die Nebelschwaden dem Sonnenlichte wichen,
begannen Farben die graue Öde zu besiegen.
Mit Grün hat Gott zuerst das Leben angestrichen. –
Unendlich lange Jahre gebrauchte die Natur,
bis klare Luft und kühles Wasser war'n entstanden.
Zart flimmern ihre Farben. Man nennt sie auch Azur.
Zur Farbfamilie Blau sie friedlich sich verbanden. –
Der Himmel klarte auf und Licht traf voll auf's Land.
Die Pflanzen wuchsen rasch, gewannen schnell an Höhe,
das Braun der Stämme, von Zweig und Ästen so entstand.
Erschaffen war der Wald, als Gott sprach: »es geschehe!« –
Es folgten dann die Tiere, erst klein und primitiv.
Sie nährten sich von Pflanzen; der Tisch war reich gedeckt.
Die Blüte – ungeboren. Verborgen sie noch schlief.
Für Bienen wurde ihre Farbenpracht erweckt. –
Der Bann war nun gebrochen, und Blumen trieben aus;
ganz neue Farben schuf das Licht für unsere Welt.
Das Gelb und Weiß lädt die Insekten ein zum Schmaus.
Auch violett erschien und schmückte Hain und Feld. –
Als Krönung aller Farben schuf Gott das edle Rot.
Es schwelgt in vielen Tönen vom Rosa bis Bordeaux,
verkörpert Macht und Liebe. Es kennt noch nicht die Not
und duftet aus den Rosen, stimmt Tier und Menschen froh. –
Das Leben selbst erstrahlt in vielen frohen Farben.

Das triste Schwarz bleibt nur dem Tode vorbehalten,
verletzt in Trauer Seelen mit schmerzlich tiefen Narben.
Kein Frohsinn keimt bei schwarz gekleideten Gestalten. –
Nach langen Zeiten der Entwicklung ist erwiesen,
dass auf der Erde die bunten Farben dominieren.
Nicht Gold, nicht Silber durften höchsten Rang geniessen:
Lebendige Natur will heit're Farben kombinieren. –
Die heile Welt erscheint als froher, bunter Reigen,
und grau ist nur das Leiden, grell gelb zeigt sich der Neid.
Die Farbe Grün soll als Symbol auf Hoffnung zeigen.
Zartrosa steht für Anmut, für Jugend und Vergänglichkeit. –
Was wäre denn, wenn uns das Sonnenlicht nicht schiene?
Wie Olme müssten ewig wir im Finstern darben.
Kein Baum, nie eine Blume, kein Vogel, keine Biene.
Trist wäre doch das Leben und unbekannt die Farben!

Hassan Geuad
* 07.04.1990

Lohen

nimm mich mit bei der Hand
wie ein Aar über Seen und Auen
nimm mich über Berg und Land
lass die Augen mit dir schauen

renn mit mir wie der Wind zieht
so Bäume die Wipfel schwingen
wie der Knabe von Eltern flieht
lustig hüpfend, laut am singen

schwinge Rock und Hut im Wind
und meine Glieder ruf ich wach
so deine Hand an meine bind
bring mich fort zum alten Bach

an der Schulter spielt dein Haar
und es haucht dein Haaresduft
nichts außer dein nehm ich wahr
und rufe dich aus frischer Brust

immerfort und immerfort
halte bitte nicht mehr an
zur Sonne hin bring mich dort
und lass mich los nur dann

lass uns laufen bis Sonne sinkt
dass sie strahlt nicht mehr stark
wenn sie erst zum Abschied winkt
dann liegen wir im blumenpark

lass die Berge über uns singen
und alle Vögel uns beneiden
lass die Blumen uns umringen
wenn sich Hände überschneiden

nimm mich mit bei der Hand
wie ein Aar über Seen und Auen
nimm mich über Berg und Land
lass die Augen mit dir schauen

Winfried Greiner

Sonntagsfahrer

Wochentags fährt er zur Arbeit,
mit der S- und Straßenbahn,
jeden Tag genau nach Fahrplan,
meistens kommt er pünktlich an.
Doch mitunter geht's nicht glatt,
wie S- oder auch Straßenbahn,
wieder mal Verspätung hat.

Wochentags zieht's ihn am Abend
dorthin, wo sein Auto steht.
Seine Frau kommt stets in Rage,
denn anstatt sie zu verwöhnen,
strebt er wieder zur Garage,
um an Lack und Chrom zu fummeln
und so den Abend zu verbummeln.

Sonntags steigt er voller Stolz,
in die blanke Limousine,
auf dem Sitz gleich neben ihm,
nimmt die Gattin wortlos Platz,
versteinert hat sich ihre Miene,
weil, statt 'ner schönen Fahrt ins Grüne,
geht's mal wieder auf die Hatz.

Hast du den von rechts geseh'n,
der pocht doch wirklich auf sein Recht,
auf die Vorfahrt zu besteh'n,
doch da kennt der mich halt schlecht.
Wenn ich auf der Straße bin,
ist für andere nicht viel drin.
Die Lust wird denen schon vergeh'n.

Gib doch Gas – es ist ein Graus,
den da vorn hält keiner aus,
was ist das für 'ne lahme Laus?
Den fahr ich jetzt mal kurz und klein
und quetsch mich einfach vor ihm 'rein.
Ach, hupt die mickrig, diese Karre,
hör mal hier, meine Fanfare!

Und ist er abends dann zuhaus,
holt seinen Jogginganzug raus,
setzt sich auf seine Couch sodann,
die Gattin auch gleich nebendran,
macht hoch zufrieden's Fernsehn an,
dann weiß er nicht, der gute Mann,
wie viele schuld sind, dass er's kann.

Gudrun von Hase
* 08.07.1968

Ein

Es war einmal ein schlichtes Ein
Das war mit sich so sehr all-Ein
Drum sucht' es sich Begleiter

Es fand das B – mit ebendem
Konnt' es schon sehr gut stehn und gehn
Doch suchte es noch weiter

Mit St klang es fest und hart
Mit F dagegen weich und zart
Und war hübsch anzufassen

M und D war'n dominant
Enteigneten es kurzerhand
Und wollten es nicht lassen

Da fand's das R ganz wunderbar
Klang damit sauber, hell und klar
Als ob es Engel riefen

Mit Schw da wurde es zum Tier
Mit H da suggeriert' es mir
'nen Garten mit Oliven

Es litt viel Qualen mit dem P
Berauschte sich wohl mit dem W
Und träumte in der Sonne Glanz

Mit N war es eher negativ
Mit J klang es fast permissiv
Doch zustimmend war es nicht ganz

Das S nahm es ganz für sich ein
Mit Sch bracht' es viel Glanz ins Sein
Wollt' Sein und Nichtsein ganz verstehn

Mit Kl war es recht unscheinbar
Da fand es schließlich noch das K
Verschwand und ward nicht mehr gesehn

Jan Haveling

verloren

begrabene Worte
verflogener Sinn
die glücklichen Orte
sind leer

bewegendes Leben
verstehn, was ich bin
nehmendes Geben
nicht mehr

je mehr ich mich finde
und ohne dich bin
ziehn innerste Gründe
mich fort

doch würdest du rufen
führt Sehnsucht mich hin
mein Leben wär wieder
nur dort

Georges Heck

Anderssein-Life

Ich habe gefühlt an deiner Stelle
das tiefe Dunkel, das leuchtend Helle,
deine Last und Einsamkeit,
deine und meine Leere und Orientierungslosigkeit.

Das Du kam auf mich zu.
Das Ich fand schnell zum Du.
Gabst Einlass mir in deine Wunderwelt.
Wurdest heimlich du zum Tagesheld.

Seit ich mit dir verbunden,
hab dich und mich gefunden.

René Hölke
* 28.08.1970

Die Kälte

Die Kälte, sie kam über Nacht
und ließ die Welt vereisen.
Sie hat den Winter mitgebracht,
man möchte glatt verreisen.

Alles weiß, wohin man schaut,
die Natur will nun pausieren.
Gut, wer ein Häusle hat gebaut,
sonst müsste er erfrieren.

Im Wechsel fällt der Schnee und geht,
er taut und fließt in Bächen.
Wo heute noch der Schneemann steht,
wird sich bald die Sonne rächen.

Karin Hufnagel
* 11.10.1957

Ich schenke dir mein Gestern

Und das Bächlein rauscht und murmelt,
plaudern möchte es ganz leis,
möchte mir so gern erzählen,
was es noch von gestern weiß.

Und es sucht Erinnerungen
in dem Wasser hell und klar,
sucht vergeblich in der Tiefe,
wie es einst gewesen war.

Und ich tauche meine Hände
und ich kühle mein Gesicht
und ich schenke ihm mein Gestern,
denn ein Morgen gibt es nicht.

Und ich schenk ihm meine Tränen,
die gefüllt sind süß und schwer
mit den Träumen eines Lebens
und ganz ohne Wiederkehr

fließen sie mit meinem Bächlein
leise flüsternd nun dahin
und das Wasser trägt das Wissen,
dass ich mal gewesen bin.

Anne Husarzewsky
19.07.1995

Der Fortschritt

Unaufhörlich die Uhren ticken
Die Augen der Masse starr
Auf ihre Pulse blicken
Im mechanischen Schalle klar

Das Müssen ist voran
Zitternd erbebt der Wartende
Schrill der Ton, der erklang
Nieder vom Getrampel das Atmende

Die Frist ward gesetzt
Das Streben unentbehrlich, leise
Gedanken ward durch die Nacht gehetzt
Stagnation, Stopp der Reise

Die Zeiger, sie schweben
Zögernd der Weise schwer
Sie, die Riesen nur reden
Der Wille, emotionslos, leer

Friedlich da lag das Lebende
Ruhig die Lichter klicken
Zerrissen, blutig das Bebende
Unaufhörlich die Uhren ticken

Chistian Ifländer
22.06.1992

Sträfliche Machtgier

Die Stürme toben blind vor Wut
Doch die Großen wollen nicht hören
Selbst das Spüren kann sie nicht bekehren
Die Opfer nehmen sie ganz bequem
Und ohne mit der Wimper zu zucken
Einfach so hin – schlimm

Fortschrittsfeindlich stehen sie da
In ihren edlen Gewändern
Reden über die Platzwahl
Aber nicht über den Abwasch
Und kippen genüsslich den Wein der Welt
In sich hinein – fein

Die Kinder bang'n um ihre Erde
Doch die größten Brüder bleiben steh'n
Lassen begabt die Muskeln spielen
Doch in Wirklichkeit sind sie unfähig
Und lassen die anderen zappeln,
Machen und tun – Was nun?

isique
10.02.1975

Ausbruch

Sehnsucht schreit
Seele regt sich in den Knochen
aufgewacht
Gefängnis Körper ausgebrochen

Augen der Seele geschlossen
sich gewöhnen müssen an das Tageslicht
behutsam und leise
Seele durch Poren meiner Haut bricht

Flügel gewachsen
Augen aufgerissen und offen
erster Flügelschlag
entschwebt Seele voller Hoffen

Helmut Jänecke

Erotische Träumerei

In den Gassen Künstler, Händler und Gaukler,
Kulinarisches und Erfrischendes.
Musik dringt herauf.
Wir spielen mit unseren Körpern.

Die Teller sind leer,
nur der Wein funkelt in den Gläsern.
Deine Brüste sind weich und warm.

Draußen der Duft von Frühling, Blumen und Grün.
Deine Scham riecht so gut.

Maria Karrasch
* 14.01.1988

sein

wälzen
walze im kopf
in meinem kopf
gedanken schlagen die nächte
verwurzelt
entwurzeln lassen
die realität fassen
können
wie benommen
beklommen
meine wahrheit bekommen
nicht mehr verschwommen sehen
müssen
meine quelle küssen
über die schwelle schreiten
wieder offen sein
und freude bereiten
ohne alles
nur in mir auszumachen
achten
im hier und jetzt
sein

Mary Kieckbusch
* 13.10.1987

Vom Suchen und Sein

Im Keller meiner selbst,
Unordnung am finst'rem Tage.
Der Galgenmann das Beil schon hält –
knechtend aug'loses Dilemma.

Eine Kreuzung, erblindendes Nebelmeer;
rennender Zeiger geplagt von Unruh'.
Fürchtend, ich ward gesehen nimmer mehr,
beerdigter Geist in weiter Ferne.

Undurchdringbarer Weg zum Lichte,
erdrückend – der Boden der Erde.
Macht mir meine Hoffnung zunichte
von atemschenkender Erkenntnis und Erfüllung.

Tief in mir schlummernd, die Lösung;
die Winternacht sie ging vorüber.
Ich nun den vergessenen Weg sah –
er war nie verschwunden, existierte schon immer.

Endlich konnte ich die Stimme heben,
der fragende Mann sinkend das Beil.
Der Traum vom Sein erwachte zum Leben
und führte herbei glückliches Seelenheil.

Max-Engelhardt von Kienlin

Winter

Die kleinen Lachen auf dem schmalen Weg
bedeckt am Morgen eine dünne Schicht von Eis.
Die Zweige blitzen weiß vom frischen Reif
und viele Raben kreisen krächzend überm Hain.

Ein kalter Wind fährt durch die letzten dürren Blätter,
die auf dem hart gefrornen Boden wirbeln.
Dann wird es ruhig
und erste Flocken schweben langsam nieder.

Des Nachts zieh'n dunkle Wolken vor den Mond;
ein Sturm kommt auf und peitscht
Millionen weißer Sternchen übers Haus;
wild rüttelt er am Laden meines Fensters.

Am Morgen liegt die Flur bedeckt mit Schnee.
Das Dompfaffpärchen kauert auf dem starren Ast der Eiche,
ein letzter roter Farbfleck in der Einsamkeit,
die nun mein Herz so kühl und trüb umfängt.

Viel weiter scheint das Land nun in der Stille,
in welcher lauter klingt die ferne Glocke,
die uns zur Christmett' lädt am späten Abend;
im Hause riecht es schon nach frischen Plätzchen.

Den langen Nächten folgen kurze Tage;
die Kinder ziehen Schlitten auf den Hügel,
sie balgen sich im Schnee und rutschen übers Eis.
Auch Frohsinn schenkt uns so der karge Winter.

Lorand Kinda
* 04.08.1978

Krieger

Krieger bin ich, Krieger war ich, warum bin ich nur Krieger?
Unzählige Male hab ich die Axt geschwungen, das Schwert erhoben,
den Pfeil und die Kugel auf den Weg geschickt.

Hab mich in die Luft gejagt und die Bomben geschleudert,
mit Napalm und Gift die Menschen gejagt.
Warum bin ich nur Krieger?
Kann ich nicht mehr als das sein?

Ein Löwe, der schützt statt schlachtet, ein Engel, der liebt, statt den Tod bringt.
Krieger bin ich, Krieger war ich, so müde bin ich vom Krieg.
Ich will mit Dir unsere Heimat schaffen,
immer wieder zu dir nach Hause kommen.

Meine Waffen sollen, wie meine Gedanken,
zur Ruhe kommen, in deinem Schoß.
Ich möchte einfach nur sein, meine Augen schließen können,
zu friedlichem Schlaf.

Am Morgen will ich wieder erwachen,
in Deinen Armen.
Krieger war ich, Krieger bin ich, Krieger werde ich nicht länger sein.

Andrea Köhler
* 01.12.1969

Die Zeit des Wandelns

Die Gewohnheit bricht auf – wie eine Schale –
Veränderung greift ein
die Zeit des Wandelns
gepaart mit der Angst vor Neuem
Vertrauen ist nötig

Was bringt die kommende Zeit?

Sabine Kolb
* 26.07.1961

Das letzte »Jetzt«

Voll Trauer stehst du an Mutters Totenbett, zerrissen das Band des Lebens.
Eine Stunde von deinem eignen Leben
tausendfach der Mutter geben – vergebens.

Einmal noch sie in den Armen halten, voll Dankbarkeit in ihre Augen blicken,
gemeinsam mit ihr ein letztes Gebet zum Himmel schicken.

Keiner Qual mehr ausgesetzt, Frieden liegt auf Mutters Zügen,
weich und warm sind ihre Wangen, wollen sich an deine schmiegen.

Der Kreis hat sich nun geschlossen, ein langes Leben beendet,
du möchtest, dass sich das alles noch einmal ändert.

Einen kleinen Moment noch vor der großen Ewigkeit,
nochmal sagen : »Ich liebe dich!«, wie groß ist des Herzens Leid.

Das letzte »Jetzt« möchtest du halten für alle Zeit,
jedoch das Tor steht offen, zur Ewigkeit.

Du spürst es, kannst es nicht aufhalten,
wenn Gottes mächtige Kräfte walten.

Olaf Kurtz
* 02.05.1968

Augenschonen

Augenschonen
nannte mein Großvater seinen Mittagsschlaf
im tiefen Sessel neben dem kleinen Ölofen und dem SABA Radio
mit dem schwerdrehenden Rad zur Sendereinstellung
in Sundsvall und Tallin oder Kuldiga und Sombar
deren Namen mich zurückließen
an den hochgezogenen Hemdsärmeln um die dünngewordenen Arme
mit ihren geschwollenen Adern und den weiten Taschen
aus denen ich die Bonbons heimlich nahm
mit kaum geöffneten Augen
kam der Abend und blieb
neben den Schneeflocken stehen
schattenmüde
in den Zwischenräumen
habe ich gewartet
dass mich jemand findet
auf den abgetretenen Stufen des Kellers wo ich meinen Kopf stieß
im Geruch des Holzes und der Kohle die
ich zwischen meinen Fingern rieb
im Garten wo sich die Steine in den Weg legten und
aus den Zinkwannen wild die Kräuter wuchsen
frostgehalten
sprang das Schloss des kleinen Schuppens
mit den Spinnennetzen in meinem Haar
spaltete ich das Holz aus seinen Fasern
bis die Küche dampfte und die Teller gegeneinander schlugen
unter dem Christusbild
wurde ich müde
kroch in die aufgetürmten Decken
mit den verhängten Lampen warf
das dunkle Licht die Stimmen bis ich schlief

Cai-Uwe Lindner
* 15.11.1960

Besprechung

Begrüßung – Guten Tag, Tag, Tag
Plätze einnehmen – pffft, pfft, pffft
Tagesordnung – zack, zack, zack

Währenddessen
Kaffee eingeschenkt,
Milch und Zucker verrührt
klicke di klack, klickerklack
schlürf, schlürf, heiß, heiß
Darf ich mal die Kekse haben?!
Kracks, kracks, krümel, krümel.

Termine, Termine, Termine
Berichte zur Lage
abteilungsweise
Planungsziele, Tendenzen und Ergebnisse
Präsentationen, Diagramme und Hand-Outs.

Kaffee nachgeschenkt – Klicke di klack
und Krümel lässig vom Tisch gewischt

Fragen, Antworten, Bemerkungen und Diskussionen
schnatter schnatter, laber laber und quak quak.
Lachen, Erschrecken und Stirnrunzeln,
Anraunzer, Lobhudeleien und Schulterklopfen.

Zum Schluss Verschiedenes
und ein neuer Besprechungstermin.
Letzte Stichworte zum Protokoll.
Alles ist gesagt
Stühlerücken – Tschüss, Tschüss, Tschüss,
noch einen schönen Tag, Tag, Tag.

Cora Marcini

Walpurgisnacht

Vor den Toren des Städtchens in tiefschwarzer Nacht
haben die Hexen ein Feuer entfacht.
Sie haben gezecht und gebechert ganz mächtig,
nun sprühen die Funken des Feuers so prächtig.
Mit wildem Gekreisch und berauscht vom Getränke,
sausen sie wirbelnd nun über die Bänke.

Sie tanzen wie rasend im lodernden Schein,
doch schaurig gellt aus dem Feuer ein Schrei'n.
Die arme Seel', die dort brennt lichterloh
ist der Baron von Sowieso,
der, als er noch potenter war,
sich manches Mägdlein nahm sogar …

Doch wurd' er verflucht, nun gibt's kein Entrinnen,
er ist in den Händen der Zauberinnen.
Sie rächen die Jungfern, die er geschänd',
und schüren die Flammen, bis er verend'.
Ein wackeres Knäblein hat sich hernach
aus dem Gebein ein Flötlein gemacht …

Ingrid Marschner

Der Mensch

Der Mensch ist ein vollkommner Narr.
Denn kaum geboren, ist schon klar,
dass seine Zeit begrenzt auf Erden.
Er aber will schnell mächtig werden,
für andre unangreifbar sein.
Was bildet sich der Mensch nur ein?!

Der Mensch strebt nur nach Macht und Geld.
Tausende sterben auf dem Feld
der Ehre und für die Nationen,
keiner darf sich dabei schonen,
immer ins Gefecht hinein.
Was bildet sich der Mensch nur ein?!

Zerstört mutwillig die Natur,
entschuldigt alles mit Bravour.
Vergiftet Flüsse, Luft und Felder,
begradigt Flüsse, rodet Wälder.
Das soll zu seinem Besten sein?
Was bildet sich der Mensch nur ein?!

Mit Macht, Gewalt und seinem Geld
bestimmt der Mensch die ganze Welt.
Vernichtet langsam diese Erde,
dass er bedeutend reicher werde.
Einst wird die Welt ein Chaos sein!
Was bildet sich der Mensch nur ein?!

Uschi Martens

Jugendgefängnis

Vorsichtig öffne ich seine Türe,
ich habe Angst vor dem Anblick.
Er liegt auf der Matratze am Boden,
die Augen geschlossen, er summt ein Lied.
Ich lege die Schokolade neben seinen Kopf.
Wir fangen stockend an zu reden, er ist mein bester Schüler.
Seine Augen bleiben geschlossen.
Meine Anwesenheit: zu viel Nähe?
Ich gehe.
Er ruft mir nach: »Kommen Sie wieder?«
»Nächste Woche, bestimmt.« –
»Danke.«
Ich wanke.

Angelo Montorio

Tristesse

Ich bin traurig,
Traurigkeit voller Zorn.
Warum immer ich, frage ich mich.
Versuchsobjekt des Schicksals.
Versuchsobjekt jeder Prüfung,
Prüfungen, die das Leben für mich reserviert.
Sind sie nötig, um zu verstehen?
Aber verstehen?
Was verstehen? Wofür?
Das Leben vergeht und ich,
mit so viel Weisheit und Erfahrung,
habe gar nichts verstanden.
Ich leide,
um die geschundenen Seelen
meinesgleichen zu verstehen.
Aber wo bleibt meine Seele?
Dann frage ich mich,
wäre es nicht besser
AUFZUGEBEN?
Oder ist das alles Einbildung?

Klaus-Dieter Mattern

Ein kleiner Rabe

Der kleine Rabe flügellahm
wartete lang bis Hilfe kam.
Er hüpfte hin und hüpfte her.
Der Boden war schon futterleer.
Erbarmen hatte eine Frau,
verstand das Problem ganz genau,
rief die Rettung für den Raben,
sollt ihn holen und ihn laben.
Es kam ein Mann und fing ihn ein
und brachte ihn ins Tierschutzheim.
Dort wurd der Rabe ganz gesund
und fliegt jetzt wieder manche Rund.

Laura-Patricia Montorio

Blausäure

wenn ich
Schlümpfe schäle
bleibt blaue Haut für
Schlumpflederschuhe
der letzte Schrei
dann
– er liebt mich –
pflücke ich
– er liebt mich nicht –
die Kornblume zum
romantisch parfumierten
Potpourri
und
bleache
die Blue-Jeans
bis stone-washed
das Indigogirl
heraustropft
– Stretch ist unser Geheimtipp

Marc Müller
* 18.06.1988

Ein Blick aufs Ausland

Auswärts schaut man nüchtern auf die Trunkenheit,
welche sich Inlands allmählich aneinander reiht.

Einmal durch die Türe –
folgen viele.
Von oben, aus der Mitte, nicht von unten.

Mit lokalisiertem Blick wird relativiert,
was einst geschah, erfolgreich pariert.

Erinnert wer sich noch?
Die Medien.
Vollkommen. Umfassend. Unerfassend. Vollkommen.

Penibel wird das Denken sensibilisiert,
steril ist der Tenor, wie er durch die Presse weht.

Merken Sie nicht, wir sind alle gleich ?

Inga Nelle
*14.08.1966

falsche zeit

mein letzter funken antrieb
erstickt in seiner einsamkeit
mein versagen als prinzip
koaliert mit unfähigkeit
meine schritte machen keine meter mehr
die hoffnung langweilt sich zu tode
alles gefährliche ist hinter mir her
das glück ächzt nur marode

ganz still weiß ich um die erinnerung
ich schließe die augen und sehe zu
ganz fern ganz stark mit großer hingebung
am ende der zeit ist alles und du

Klaus U. Neulinger

Ein Lied über die Mächtigen dieser Erde,
dem Prometheus zu singen

Beende nun die Zeit boshafter Ironie,
wo sie des Menschen Wert und Würde ließen gänzlich unbedacht!
Bring ihnen hin das Licht der Liebe – oder wenigstens der Empathie,
und lehre sie die Lehre von der Güte nicht genutzter Macht.

Beende nun die Zeit boshafter Ignoranz,
aufschließe Aug und Ohren derer, die taub und blind nur über uns gelacht!
In einen Lebensreigen der Gefühle wandle ihrer Dumpfheit Totentanz,
und lehre sie die Lehre von der Weisheit des Verzichts auf Macht.

Beende nun die Zeit boshafter Tyrannei,
tauch in dein Licht, was sie erfüllt mit Hass in ihrer Seelennacht!
Zur Engelsgabe lasse werden, was sie uns zugedacht an böser Teufelei,
und lehre sie die Lehre von der Größe unmissbrauchter Macht.

Lena Niclausen
* 02.05.1995

Jugendliche Medizin

Fern von Saft und Hausaufgaben,
gibt es Jugendliche, die ohne Spaß haben.
Doch welches ist die Medizin,
immer pünktlich zu ihrem Termin?
Nennt sich Alkohol, verführt mit Farben,
dem sie Treue geschworen haben.

Verleitet zu irren Taten,
wie das Erbrechen in einem Garten.
Außerdem bietet sie auch Flucht
und trotzdem wird sie leicht zur Sucht.
Flucht vor Schule, Druck und Stress,
mit dieser Medizin wird man wieder kess.

Alle Hemmungen sind verloren,
Bereitschaft zu allem wird heraufbeschworen.
Nachteile zeigen sich im Leistungsverlust,
doch es gibt kein Trösten an Mamas Brust.
Stattdessen hält die Flasche her
und für die Eltern wird es schwer.

Die verführerische Flüssigkeit
schlägt allen auf die Gesundheit.
Süßigkeiten sind zwar schädlich,
aber ist das Koma denn erträglich?
Doch mit den Freunden im Gepäck
ist der Frust bald wieder weg.

Was ist mit der Zukunft?
Wann kommen sie zur Vernunft?
Es wird schlimmer werden,
bis sie irgendwann sterben.
Doch was sollen sie denn tun,
wenn sie auf dem Vorbild der Anderen ruh'n?

Wann nimmt das ein Ende?
Wann erhebet ihr die Hände?

Rena Österreicher

Am Ende jener dunklen Nacht

Am Ende jener dunklen Nacht,
die endlos schien,
war jede Stunde, die verging,
ein Hoffnungsschimmer
für deinen ersehnten, neuen Morgen
mit seinem leuchtendroten Strahlenkranz,
empfangen aus der Göttin der Morgenröte.
Endlich bekam dein neuer Tag
alle seine Farben zurück.

Das Rot der am Horizont aufgehenden Sonne,
das Blau des dich beschützenden Himmels,
das Grün der Wiesen und Wälder,
das Gelb der im Wind sich biegenden Ähren
und ein Lila erzeugt in dir
das Glücksgefühl der Hoffnung
endlich in dir angekommen zu sein.

Du bist nun ein Lebensbaum geworden,
den nichts und niemand mehr
erschüttern oder gar entwurzeln kann.
Du hast deine Heimat in dir gefunden
und deine Gedanken werden klar und
erkennen und spüren die Liebe in dir.
Sie strömt durch deine Adern und ein Lächeln
erscheint auf deiner nun gesunden Seele,
die zu sehen ist,
wenn ich dir in deine vor Glück
strahlenden Augen sehe.
Nichts kann dich mehr verletzen!

Martina Panzau

Die Zeit

Höhnisch lächelnd rennt sie dir davon,
schreiend jagst du hinterher:
»Halt doch mal an! – Ich will mehr!«
Sie hört dich nicht,
sie bleibt nicht stehn,
kalt ist ihr Gesicht.
Sei nicht dumm, jag sie nicht,
lerne zu verstehn:
Nutze sie – die ZEIT,
ehe es zu spät!

Du konntest nicht hör'n,
hast getan und gemacht,
nie auch nur an SIE gedacht!
Keine Pause, keine Ruh,
nur Arbeit immerzu:
Du wusstest doch, sie bleibt nicht stehn,
nun liegst du da,
und du verstehst:
Du hast sie nicht genutzt – die ZEIT,
jetzt ist es zu spät!

Sergej Perelman

Tanz, träumender Träumer

Tanz, tanz mit dem Leben
So wie die Bäume im Wind.

Tanz, tanz mit dem Leben
So wie die Erde um die Sonne.

Tanz, tanz mit dem Leben
So wie die Mauersegler mit ihrem Flug im Morgenrot.

Tanz, tanz mit dem Leben
So wie die Schwalben im warmen Abendwind.

Tanz, träumender Tänzer,
Im großen, ew'gen Welten-Tanz,
Zwischen tanzenden Bäumen,
Tanzenden Sternen,
Singenden Flüssen
und tanzenden Atomen.

Margot Pietzsch
* 24.03.1924

Zweisamkeit

Wenn
die Sonne
heller scheint
die Wolken
lichter sind
die Sterne
strahlender
die Nächte
heimelig
das Lachen
doppelt froh
das Weinen
zweigeteilt

Dann
schwingt das Leben
in der
Zweisamkeit

Rolf Pickenpack
* 1940

Die Ameise oder Dichter und Denker

Eine Ameise, ganz zierlich und klein
saß einsam und etwas verloren
auf einem mittelgroßen Stein.
Den hatte sie sich auserkoren.

Sie wähnte sich auserwählt zum Dichten und Denken
und zweifelsohne für solch hehren Ziele bereit.
Doch über kurz oder lang musste sie einlenken:
sie war noch zu jung, es war noch nicht ihre Zeit.

So hockte sie noch lange auf ihrem mittelgroßen Stein
und hörte auf den seichten Trost so vieler Väter:
»es hat eben (noch) nicht sollen sein«.
Na gut, dann eben später!

Mary Pike

Liebe:

Man nennt es kompliziert.
Man nennt es verrückt.
Man nennt es undiszipliniert.
Mann nennt es beglückt.
Man nennt es routiniert.
Man nennt es mitreißend.
Man nennt es geniert.
Man nennt es anreizend.
Man nennt es jung.
Man nennt es alt.
Man nennt es dumm.
Man nennt es kalt.
Man nennt es rau.
Man nennt es gemein.
Man nennt es schlau.
Man nennt es mein oder dein.
Man nennt es irgendwie,
doch es ist immer das Gleiche.
Man nennt es Ironie,
des Schicksals oder Lebens,
des Haben oder Gebens.
Man nennt es sein,
man nennt es leben.
Man nennt es
nach dem Glück und der Liebe streben.
Ob verrückt oder dumm,
ob beglückt oder jung.
Es ist immer das Gleiche,
ob für dich oder mich,
ob für Arme oder Reiche.
Du nennst es so
ich es so ...
Doch wie auch immer,
es ist *Liebe*
für jetzt und immer.

Rosemarie Raeuber

Stein-Reich ...

An's Erdreich gebunden – Naturabläufen ergeben,
sichtbar, doch enthoben: ein Stein!
Bewahrte Spuren vom Werden – von Zeit,
dem Bildhauer, als »Kosmisch-Lagerndes« so bereit?

Mit schöpferischem Bann er's belegt,
als archaische Skulptur ihm schon ergeben?
In Zwiesprache ein Ertasten – Berühren ...
Im Vereinnahmen so – sein Entführen!

An Meeresbuchten, vulkanisch Erloschenem auch,
als Suchender, ein Tönendes schon vernommen?
Sein schöpferisches Vordringen zum Kern – in Tiefen,
mit geheimnisvollem Klang seine »Stein-Flöten« uns riefen ...
Kinderglück! Abenteuer im Erklettern – Strohballen im Schauer ...
Ein irrer Duft – ein dampfender Teegenuss uns verband.
Eine Filmschau, tragend, von künstlerisch-gemeinsamer Aktion –
im wachen Dasein ein Erfassen – eine weiblich-stille Mission.

Von berührend-schlichten Worten, erfühlten Momenten
die steinerne Höhe – Weite, nun in Wärme getaucht.
Als Liebhaberin der Skulpturen – ihre Gesten verinnerlicht –
ihr sinnliches Umfangen des »Gewachsenen«
mit bewahrten Spuren ...

Als Künstlerin von Räumen – Stätte bäuerlicher Schwere
uns »ein Abschieds-Lied«, mit leisen – dunklen Tönen.
... und für ein Verbleibendes (?) im Stall vor'm endgültigen Geh'n
»eine Freundesgabe« von einem malerisch-lichten Weh'n.

Als Vertraute im Ersteigen, erhöht, für's lebendige Treiben ...
Ein »Versteigerungs-Spiel«, für das gemeinsame Mittragen auch.
... und hinter einer Maske – nah diesem Gescheh'n –
des Bildhauers »Gedanken-Spiel«: Stein-Reich?
Mein Geschaffenes – der Malerin Porträt – im Besteh'n!

Wolfgang Rinn

Wortblüten

Ich bau mir einen Käfig
und sperr' sie alle ein,
die Wörter, die gesammelt,
die müssen da hinein.

Und wecke dann mit Schütteln
verborgnen Wesens Kraft,
die durch ein stetiges Entwickeln
sich neue Lebewesen schafft.

Ich schaue durch die Stäbe
und freu' mich wie es glüht,
ich mein', ich seh' Gespenster
um einen Austritt jetzt bemüht.

Ich öffne dann die Klappe
und lass' sie alle raus,
wie Blüten durch die Lüfte,
so schweben sie hinaus.

Sie suchen freundliches Gefilde
und setzen sich auf einen Stein
und warten in der Hoffnung,
sie blieben nicht allein.

Stefania Russo
* 16.08.1992

Winterzauber

Wie die Eiskristalle deine Wange küssen,
liebevoll, obwohl sie sterben müssen,
wenn sie deine Wärme fühlen,
ihre Finger unsere Körper kühlen.
Vielleicht ist jedes davon ein Feenkind
geboren aus Regen und Kälte und Wind.

Kristian Rotter
* 18.04.1964

VISION

... von Spuren,
die sich wie ein Blatt
wenden:

Ihre Karriere
zerspringt –
gen Un-
berechenbarkeit ...

Diese trägt ein
schwarzes,
mit Löchern übersätes
Abendkleid.

Kurzsichtige, verzweifelte
Hochrechnungen folgen,
die im Tiefland
des allgemeinen Bewußtseins
versanden.

... dann
taucht ein Gewissen auf,
das Jahrmillionen
in keinem Gedächtnis war.

Dieses fruchtbare Rot
besteht aus hieroglyphischem
Gips,
der wie Tränentropfen
unaufdringlich
im Antlitz der Welt
tanzt
und vom Sehen erzählt.

Schließlich entpuppt sich
die neuere Geschichte
als Tempel,

und Terrassenstrukturen
nehmen grünen Regenwald
in sich auf ...

Nadine Salis

Kollektivschuld

Geschichtsstunden voller Sühne
Schweigemauer ist zerstört
Wortsalat in aller Munde
bis man nichts mehr hört

Kollektivschuld ist gespeichert
gestempelt fürs Leben
Leugnen ohne Hilfsaussicht
muss man sich ergeben

Kollektivschuld nimmt kein anderer
müssen lesen Anne Frank
sind betrübt, ergriffen, traurig
verbunden durch ein Band

Kollektivschuld
wollen nicht wissen
kennen Daten lang und breit
wann ein Ende des Versteckens
wann soweit

Kollektivschuld ist gefährlich
kennen Daten breit und lang
am Verstehen ist kein Mangel
wann ist Schluss mit diesem Zwang?

Jürgen Schäfer

Ikarus

Am Boden zerstört,
der Schwingen
beraubt,
flugunfähig,
gefangen.

An der Sehnsucht
zerbrochen.
Abgründen näher
als dem Himmel.

Nur ein Sonnenstrahl
aus Liebe
würde ihn
erlösen.

Sandra Schlesinger
* 02.03.1972

Zeit vergeht

Unendlichkeit –
Verlangen, nochmals Neues anzufangen.
Schwere Zeiten sind vorbei und es regt
sich wieder Mut.
Möchte die Welt entdecken mit all ihren
Schrecken.
Möchte verändern und gestalten eine Welt
die zu uns hält.
Erde DU verzeih, was wir DIR angetan –
Verändere uns zu DEINEM Nutzen.

Birgit Schaldach-Helmlechner

Tagspur

Meinem Gefühl schon voraus
DIE GEDEHNTE ZEIT
von Streunern und spielenden Katzen –
gemeinsam kratzen sie Lorbeerbäume wund.
Graue Haut quält man nicht,
könnte ich jetzt aufgebracht sagen,
doch meine Klagen kleben lieber
AN DEN BETROFFENEN STELLEN
werfen sie dünne Schatten.
Hinter dem Wolkenrauch
nur das Geschrei der Möwen,
vor meinen Augen VERSPRENGTES
auf schwarzem Stein die eigenen Schatten,
lautlos verfolgen sie Kellnerschürzen –
und ich ihr langsames Fallen
in den vergilbten Schaum des Kaffees.

Ingrid Ellen Brigitte Schmitz

In der Zukunft angekommen:

    die Atomkraftwerke   die Hilfe bei Naturkatastrophen
    das Computerzeitalter   die Weltraumforschung
    die Hochleistungszüge   die Alleinerziehenden

    die Überbevölkerung   der Bankencrash
    die Umweltverschmutzung   die Sekten und Religionen
    die Erderwärmung   die Urananreicherung

die Geldscheine bis in den Himmel   der Politiker
    der Klimawandel   die Überschwemmungen
    die Arbeitslosigkeit   das Erdbeben

das Betäubungsmittelgesetz   das Beten für alles und jeden
    der Osama bin Laden
    die Armut und der Reichtum

    der Barack Obama
    die Jugendlichen
    die Obdachlosen

    die Arbeitslosen
    die Atombombe
    die neuen Reichen

Klaus-Peter Schneegass

Noah hämmert – Noah baut

Heilige Eselei zur Menschheitsweihnacht?
Klage spielende
Aasgeiger über schwarzen Abgründen:
»Pampelmusen, öffnet Eure Herzen:
ICH BIN KÜNSTLER!«,
trompetete der Clown –

Posaunen, tönet laut – erschallet ruhig:
Lasset ab vom
Mantel der Geschichte, da der
Sturm spätherbstlich in den Windfang weht –
Schauet lieber nach des Kellners Oberlicht, durch das die
Neue Zeit Entkleideten entgegen quillt!
WER HAT UNS VERRATEN?

SALVE NERO!
Grimmig Untierleben Extra:
Reißt Holzkopfschnabels
Verkohlten Finsterschlund in
Maulheldenhaft weit auf !
Esstrinker, saufnützliche Allesfresser,
gastliche
Parteiparasiten, Insektoplutokraten:
Ziehet um ins
Land der untergehenden Zitronen!

Spargel und Spinat-Spagat, es
Naht mit As am Bach
Schon alsbald – ach! – der
Jüngste aller Tage in der
Ältesten der Nächte –
FRÜH AUF ZU SPÄT ... schweigt dennoch
still?
Oh, Ihr langen Messer in
Unentschied'nen Scheiden,
Bleibet hübsch auf
Wachsam Wacht!

Doch hier verendet
Neureichs brutzelbraune Ewigzeit.
Geweih zur Nachtweih –
Ohne Waffen trotzdem schaffen?
Weise Erkenntnis der Haselnuss:
Werdet geistreich und weinet in Auslese!
MENSCHELT, IHR ESEL !!!

Katharina Schneider
* 17.12.1941

zwischen kugeln und bomben

ein brief ein name zwischen
kugeln ohnmacht und sorgen
mein augenlicht blieb
dir verborgen
gewiss hast du ein bild der wehmut
mit herzflackernden flammen
und nachttau gemalt es mit dir
zu tragen in schatten
der nacht

ein brief ein name
mit wundmal in flammen
brennende wehen
bind ich in schleifen um
meine seele leite
die sehnsucht zum sperrzaun
versuch sie zu stillen im schweben
der zeit einmal ja einmal
wird ein windhauch
mich wehen zu deinem raum
wo die flammen erloschen
zwischen kugeln
und bomben gelegt.

Ursula Schöbe

Wenn in tiefster Qual
ein Sonnenstrahl
durchbricht das trübe Dunkel
und mit unendlichem Gefunkel
dein Herze trifft,
bist du ganz stumm zuerst
und zitternd wagst
an Glück du nicht zu denken.

Wer schon, ach, wer
wird dir in dieser Leidenszeit
Blick und Gedanke schenken?
Wer fühlt mit dir –
wer spürt ein wenig nur den Schmerz
wenn nicht ein liebend Herz?

Mitleid? – Oh, nein!
Dies ist niemals Verlangen
und Begehr der Seele, die
gemartert und sich selbst verzehrend,
nur auf ein Zeichen hofft!

Ach, wie so oft
schon öffnete die Tür
des Herzens sich –
doch ohn' Verstehn!
Es blieb die andre Herzenstür
verhangen.

Alles ist ein Traum,
ist ohne ganz reales Sein –.
Ein Augenblick nur,
und du fühlst Erschauern.
Spürst du es nicht?
Bist du schon eins mit diesen Mauern,
dass dich der lichte Strahl
nicht trifft?

Verzeih,
du bist zu jung,
um in die tiefsten Tiefen
eines Menschenherzen einzudringen.
Das macht die unerfüllte Liebe erst
und ihre Qual!
Sie wird des Lebens
unergründlich Sein und Werden
dir zu Bewusstsein bringen.

Fabienne Scholz
* 1997

DU SAGST!

Du sagst, dass du mich liebst,
aber meinen tust du's nicht so.
Du sagst, ich wäre die einzige, an die du denkst,
aber im Grunde war's noch nie so.
Du sagst, ich wäre wunderschön,
aber kannst mich trotzdem nicht lieben?
Du sagst, es ist für immer,
aber verliebst dich gleich wieder in eine andere.
Du sagst, du würdest um mich kämpfen,
aber derjenige, der gekämpft hat, war nur ich.
Du sagst, du könntest mich nie wieder verlassen,
aber vertrauen konnte ich dir eh schon nicht mehr.
Du sagst, jede Träne von mir würdest du wieder in ein Lächeln verwandeln,
aber du hast es eher noch schlimmer gemacht.
Du sagst, verletzen wirst du mich niemals,
aber trotzdem hast du mein Herz gebrochen.
Du sagst, sie ist nur eine gute Freundin,
aber sie war doch mehr.
Du sagst, du lügst mich nicht an,
aber eigentlich tust du's doch!
Du sagst mir ins Gesicht ICH LIEBE DICH,
aber sagen kann man viel …

Joja Schott

Für Carola

Augenblicke, geheimnisvoll und spannend,
eine Aura, stark und schwingend,
die ich ertasten durfte, die ich spüren durfte,
Seelenblues in den Ohren, in den Augen,
Schwerelosigkeit.

Augen, tief und dunkel wie die See,
in die ich blicken durfte,
Worte, klingend wie der Wald im Frühjahr,
kraftvoll, mit Leben erfüllt,
Seelenblues.

Wie der Wind am Deich des Nordens,
wie die Sonne über den Bergen des Südens,
wie der Hauch der Wildnis,
Wie der Falter über den Blüten des Sommergartens,
wie die Erde, voller Leben,
Seelenblues.

So weit, so fern, eine Berührung der Natur,
so nahe, als wäre sie ein Teil von mir,
der Mittelpunkt der Welt, meiner Welt,
vertrauensvoll, immer präsent, zeitlos,
wie die Weite im Osten,
wie der Regen im Westen,
Seelenblues.

Ein Mensch, ein Ehrentag,
eine Sommerwiese voller Leben,
ein See unter den Bäumen des Waldes,
eine Wolke am Horizont über dem Meer,
eine Beere am Strauch des Lebens,
will ich dir schenken,
zum Ehrentag.

Helga Schubert

Ich bin eine Rose

Kerzengerade stehe ich in einer Kristallvase.
Meine Blütenblätter halte ich zusammengerollt fest,
sie lassen eine rosa-rote Farbe erkennen.
Die Blätter an meinen Stielen glänzen in einem satten
Grün und sind makellos.
Ich bin sehr schön und sehr stolz!
Drei Tage stehe ich schon so und überlege, soll ich
mich öffnen?
Lasse ich den Betrachter in meine Seele schauen?
Entfalte ich meine ganze Schönheit, oder neige ich
mich ohne Bewunderung und verbleiche.
Die Entscheidung liegt bei mir.

Martin Schweitzer
* 21.03.1962

Des Leidens End

Es stund am Tor einst Liese, stumm, verzagend.
In Trauer Tränen traten, Bächlein gleich,
aus Augen, matt, gerötet. Lasten tragend
das einsam Herz. Dieweil der Liebste zog
hinfort in Krieg und Schlacht fürs Vaterland.

Ein Pfand, sein Halstuch, fest sich drückend an die Brust,
löst sich ein Seufzer ihr: ich weiß, Du musst.
Doch weiß ich auch, dass Du mir wiederkehrst!

So hat das Leid ein End, lebt Hoffnung noch; Gott sei's gedankt.

Stephanie Schulz
* 18.07.1981

Stärke

Wirre Gefuehle in meinem Innern
Ich versteh die Welt nicht mehr
Jeder Tag wird es verschlimmern
Durch die Trauer fühl ich mich leer

Die Qual ist gross und ungebunden
Es reisst mir tiefe Wunden in mein Herz
Die Seele blutet nicht nur Stunden
Beugt meinen Körper mit starkem Schmerz

Falsche Geständnisse werden gegeben
Leere Gesichter starren mich an
Sie saugen mir aus dem Körper das Leben
So dass ich nicht entkommen kann

Meiner Angst muss ich mich stellen
Es gibt für mich nur noch ein Ziel
Das Grauen hat so viele Quellen
Das war ein Kampf, der nicht leicht fiel

Man hat mich belogen, betrogen, benutzt
Ich war so ein blinder elender Tor
Stand allem entgegen ohne jeglichen Schutz
Doch dieses Mal geh ich als Sieger hervor!

Sieglinde Seiler

Nur Mut!

»Komm doch!«, lockt der Frühling eine Blume.
»Ich verrate Dir, wie das Blühen geht.
Sieh doch, in welchem schönen Kleidchen
dort ein kleiner gelber Krokus steht!

Er hat gewagt, seine Blütenblätter zu entfalten,
hat es in der Morgensonne mutig getan,
und der daneben macht auch schon Anstalten,
dass er ebenfalls blühen will und kann.«

Die zögernde kleine Blume hört zwar die Worte,
doch den Mut, zu blühen, hat sie nicht.
Der Frühling lässt ihr noch Zeit zum Überlegen,
bis er seine dringende Bitte ausspricht.

Das Bitten des Frühlings ist leider vergeblich,
denn das Primelchen ziert sich noch.
Doch schon morgen wird es der Welt zeigen:
»Du musst Dich trauen – es geht doch!«

Yvonne Siebel

Das dicke Ende?

Die Lichter um uns sind erloschen.
Du siehst mich nicht, dein Blick verletzt.
Nicht einen Schein, nicht einen Groschen
den man auf unsre Zukunft setzt.

Die Töne um uns, sie verklangen
Du hörst kein Wort, selbst wenn ich schrei.
Wo gestern helle Glocken sangen
spürt jedes Kind, es ist vorbei.

In unserm Holz sind tausend Kerben,
so nah und doch so fern wir zwei.
Und alles was mir bleibt sind Scherben –
und die Gewissheit: Ich bin frei!

Und jetzt, geh fort, dein Weg ist weit.
Mach's gut.
Ich bleib noch hier. Ich hab noch Zeit.

Diana Stein
* 1969

Wenn du in Problemen steckst

Wenn du in Problemen steckst
und jeden Tag auf's neu aneckst,
dann solltest du mal ganz in Ruhe
besinnlich öffnen, deine Truhe.

Die, mit den geheimsten Schätzen,
mit den Steinen von den Plätzen
der vergang'nen schönen Tage,
das wirkt Wunder, ohne Frage!

Geh zurück mit einem Schritt,
nimm die Lieblingslieder mit.
Morgen schon wirst du verstehn,
warum sich manche Rädchen drehn.

Nancy Steinhoff
* 14.11.1974

Bella Justitia

Meine Arbeit ist ein Jammertal
und jeder Tag ist eine Qual.
Ich sitze hier so manche Stund'
und schreibe mir die Finger wund.
Brauch' nur in die Akten schauen
und dann bekomm' ich schon das Grauen.
Das Gericht ein Urteil fällt
über die Verbrechen dieser Welt,
die es gibt in großer Zahl
von Betrug bis Diebstahl,
Sachbeschädigung und Unfallflucht,
Körperverletzung und Betäubungsmittelsucht.
Nötigung, Erpressung, Trunkenheit im Verkehr.
Es gibt ja noch so vieles mehr,
das belastet einen sehr.
Misshandelt werden Frau und Kind,
ach, was das für Menschen sind,
begehen Totschlag und auch Mord.
Mein Arbeitsplatz, das ist ein Ort,
an dem, in einem Gebäude groß und alt,
Richter, Verteidiger, Staatsanwalt
führen täglich Wortduelle
über äußerst schwierige Fälle.
Wochen, Monate, Jahr für Jahr,
was ist falsch und was ist wahr.
Es wird gekämpft für das Recht.
Alle Menschen sind nicht schlecht.
Der Täter, der wird angeklagt,
das Opfer wird danach befragt,
wie es denn wurde verletzt
und der Dolmetscher übersetzt.

Begutachtet wird der Schaden,
jeder Zeuge wird geladen,
darf natürlich auch nicht fehlen,
muss im Sitzungssaal erzählen,
was er zur Tatzeit hat gesehen
und wie es wirklich ist geschehen.
Alles wird schnell protokolliert,
damit man den Überblick nicht verliert.
In jeder Verhandlung merkt sich jeder sofort,
der Angeklagte hat immer das letzte Wort.
Im Namen des Volkes
wird dann entschieden
und Gerechtigkeit und Frieden
verdanken wir Justitia,
denn dafür ist sie nun mal da.

Heike Trefflich
* 19.05.1960

Herbstgefühle

Der Weg ist schon gefroren,
bunte Blätter vom Wind verweht,
die Zeit wird neu geboren,
bevor das Alte von uns geht.

An blätterlosen Bäumen
hängen rote Äpfel fest,
sie versuchen noch zu träumen,
bevor der Ast sie fallen lässt.

Gräser sind mit Weiß verziert,
die braune Farbe gut versteckt,
bizarre Schönheit uns berührt,
bevor der Schnee sie ganz bedeckt.

Die frische, kühle Luft tut gut,
mit tiefen Zügen atme ich ein,
bald wird sie eisig sein, nur Mut,
auch im Winter gibt es Sonnenschein.

Melanie Völker

Auf dem Rummel

Rundherum in Windeseile
schillernd Farbzug mich berauscht;
duftend honigsüßer Schleier,
fröhlich Spiel laut aufgebauscht.

Schreiender Blitze Flackerschein,
fliegend Ungetüm der Nacht,
schrilles Flehen der Gefangenen,
ahnungslos zu ihm gebracht.

Listiger Stimme säuselnd Wind,
erbarmungsloser Trommelschlag,
glühender Pfeil aus starrem Quell,
treibt Nägel in des Beutels Sarg.

Geschnürter Fesseln Katapult,
bannend naht der Augenschmaus;
fester Wille tief erschüttert –
erleichtert kehre ich nach Haus.

Julia Vogt
* 08.05.1989

Rolltreppen

Das Leben verändert sich so schnell,
dass man laufen muss,
um nicht zurückzubleiben.
Ich habe das Gefühl,
sobald ich eine Stufe erreicht habe,
sind alle anderen schon auf der Nächsten.
Anstrengung und Druck
lassen nicht nach, wenn man die Schule verlässt.
Es gibt nur keine Lehrer mehr, die einem Treppen bauen.
Menschen, die nicht mithalten, sind antriebslos,
ausgebrannt, depressiv.
Sie sind gestört. Müssen behandelt werden.
Fallen aus dem System. Halten es auf.
Sie sind eine Belastung für die Normalen.
Klötze an den Füßen der Läufer.
Was mir fehlt,
ist Leichtigkeit.
Ich wünschte,
es gäbe Flügel für alle,
die nicht mehr laufen können.
Schwerelosigkeit gegen die Belastung.
Aber das Leben kennt keine Pausen.
Ich fühle mich wie auf einem Laufband.
Sobald ich innehalte, trägt es mich zurück
bis ich falle.
Zum Glück gibt es Menschen, die mich ziehen
und sogar manchmal
ein Stück tragen.

Sam Wesson

Falkenflug

Flügelschläge sich erheben
Legenden schwingen sich empor
die Falken wieder voller Leben
gehen aus Geschichten vor

Fliegt am Himmel seine Runden
nimmt seine Stelle ein als Wächter
reißt in die Feinde seine Wunden
ist auch Richter, manchmal Schlächter

Einst aus der Idee geboren
gerecht dem Licht zu dienen
von den Menschen hoch erkoren
alle in Sicherheit zu wiegen

Fliegt am Himmel seine Runden
nimmt seine Stelle ein als Wächter
reißt in die Feinde seine Wunden
ist auch Richter, manchmal Schlächter

kämpft mit Stolz und Mut
von Tugenden geleitet
das Dunkle sei nun auf der Hut
der Falke wieder schreitet

Fliegt am Himmel seine Runden
nimmt seine Stelle ein als Wächter
reißt in die Feinde seine Wunden
ist auch Richter, manchmal Schlächter

Als Hoffnung sich die Falken heben
geboren, um zu schützen
würden gar ihr Leben geben
nur um der Welt zu nützen

Stefanie Wilhelm
* 19.06.1965

Lumière de la Nuit
(Frankfurt, Börsenplatz: Ein Stier widersteht dem Winter)

Kalt glitzert die Straße
in Vollmondlicht.
Noch
ist der junge Schnee weiß,
spiegeln Eiskristalle
an deinem Bronzerücken
lauschimmerndes Stadtlicht wieder.

Noch
brennen Striemen
auf meiner Haut …
Zeugnis meiner Sehnsucht.
Gebrauche mich,
zügele mich.
So benutze ich Dich,
verzehre mich
an Dir.

Einsam und verlassen die Straßen.
Ich lehne mich
an deine frostigen Schultern,
kühle mich.
Der warme Atem deiner Nüstern
umgibt mich,
erotisiert mich,
süße Intoxikation meiner Sinne.
Ich erwache von neuem
wie eine Wüstenrose im Morgentau.

Spät erst, früh am Morgen
löse ich mich von Dir.
– Wir werden uns wiedersehen –
werden uns erneut
aneinander gewöhnen,
aneinander reiben
vertiefen
die Spuren
nicht alltäglicher Nächte;

Werden wir
nach und nach
unsere Unschuld verlieren
beglücken uns
im Lumière
unserer Leidenschaft.

Frank Wille
* 28.02.1964

Frühling

Die kalte Decke ausgebreitet, ein müder Alter steht am Tor
zur Wachablösung angekommen, grüßt ein tausendfacher Chor
den wundersamen Gang des Alten für ihn erträglich zu gestalten,
die frohe Botschaft fortzutragen und nicht zu hadern mit den Zeiten,
die wir ihm zu verdanken haben.

Ein Fest, ein Fest! Es ist mitnichten ein Anlass für Beschaulichkeit!
Aus Licht und Farben ward gewoben das zart begrünte Morgenkleid
in dem die Nymphen uns bezirzen, dem Schauspiel freudig beizuwohnen,
zu tanzen frei zu der Musik und alle Mühen zu belohnen
für dieses heimgekehrte Glück.

Und mancher öffnet seine Türen und lauscht dem Klang der Melodie.
Die Mutter will uns gern verführen, schenkt uns die Welt voll Poesie.
Kein Zaumzeug stört die alte Weise, die nirgends so geschrieben steht,
den Geist beflügelt und belebt und immer wieder neu bekundet,
das Leben findet seinen Weg.

Gerhard Wolff
* 11.04.1939

Alles ist Zeit

Zeit ist wie ein Zug. Wir wissen,
Zeit, die rast so schnell dahin.
Darum sollst du sie genießen,
Tiefe geben ihr und Sinn.

Zeit beginnt schon in der Wiege,
Zeit war auch vor uns schon da,
Zeit ist Frieden, Zeit sind Kriege,
Zeit, was fern ist und was nah.

Zeit sind unerfüllte Träume,
Zeit ist Freude, die man gibt,
Zeit, ein Gang durch viele Räume,
wo man lebt und wo man liebt.

Zeit ist Nehmen und ist Geben,
Zeit ist Kummer und ist Glück.
Keinen Tag, den wir erleben,
bringt das Leben uns zurück.

Zeit ist Chance; auch zu vergeben
hast du Zeit, nur denk' daran:
Nutzen musst du sie im Leben,
weil man's später nicht mehr kann.

Anita Wortström
* 29.04.1963

Arbeit

Ein Mann bewegt tagein, tagaus
Papier, den Füller und die Maus
ist nicht bequem, will hoch hinaus
will Kanten zeigen – macht was draus

Die Arbeitssucht ihn still erfasst
Kennt er kein Leben ohne Hast
Vergisst, warum er immer schafft
manch Mensch wird von ihm angeblafft

Die Arbeit kann er nicht mehr lassen
vergaß auch auf sich aufzupassen
früh hat es ihn dahingerafft
hätt er doch nicht so viel geschafft

Roland Wulff
* 25.05.1960

Durch den Wind

Durch den Regen durch den Wind,
bin meiner Mutter liebstes Kind.
Bin mal von Sinnen, mal ganz brav,
immer ehrlich, Tag für Tag.
Bin mal ganz oben, mal ganz unten,
manchmal in mich selbst versunken.

Bin ich am Überschäumen vor Lust und Kraft,
hurra, dann hab ich es geschafft!
Denke ich – und steh dabei,
vorm nächsten Abgrund eins, zwei, drei.
Durch den Regen durch den Wind,
bin ich meiner Mutter liebstes Kind?

Die Dinge ziehen mich hin und her,
an manch einem Tag geht gar nichts mehr.
Je mehr ich glaube und verzehr,
ich fühl mich stark und bin doch leer.
Weiß ich, was ich verstehe auch im Sinn
oder wer ich wirklich, ich wirklich bin?
Mein Bauchgefühl bringt mich fast um,
das Hirn dreht vieles andersrum.
Mein Körper schützt mich mit Verstand,
bis ich mich später wiederfand.

Siehst du, sagt da ein Mensch zu mir,
so etwas passiert nur dir!
Lass das Leben, wie es ist
und bleibe einfach wie du bist.
Du musst nicht Schaffen mit aller Macht,
das hat andere schon krank gemacht.
Durch den Regen durch den Wind,
bist deiner Mutter liebstes Kind.

Heut weiß ich, ich in Ruhe mich beweg
die Uhr des Lebens länger geht.
Von Sinnen ist, wer unbemerkt mit aller Kraft,
sein Leben lebt bei Tag und Nacht.
Lass weg, was dich beim Leben stört,
dann lebst du, wie es sich gehört.
Durch den Regen und im Wind,
bin ich der Mutter liebstes Kind.

Rose-Marie Zacharias

Nachtgedanken

Die Nacht ist dunkel – ich such meinen Stern.
Er lässt sich nicht finden und Gott –
ist sehr fern.
Der Glaube, er lebt noch,
doch ich – ich bin tot.
Ich kann nichts mehr sehen, nichts fühlen –
mein Gott!

Die schützende Wärme, die mich umgibt
lässt ganz fern mich ahnen,
dass jemand mich liebt.
Doch frag' ich
Wer bist du, ich kann dich nicht seh'n
kommt leise die Antwort:
Du wirst mich versteh'n.

Ich bin doch in allem, was dich umgibt
siehst du denn nicht
wie viel Schönheit es gibt?
Du bist behütet und niemals allein
auch für dich leuchtet der Sonne Schein.
Ich bin bei dir, was auch geschieht.
Wie kann es sein,
dass dich niemand liebt?

Die Stimme verweht
ob ich geträumt?
Hab ich denn wirklich
so vieles versäumt?
Die Nacht ist noch dunkel,
doch in mir ist's still,
denn jetzt kann ich denken
es geschehe ›Gottes Will‹.

Kyra Zill

Sterbende Welt

Der schwarze Mond scheint
gesichtslos am Himmel
Flügellose Vögel erheben sich
majestätisch in die Luft
Die Nacht ist hell
und flüssig wie Silber
In den Scherben des zerbrochenen Sees
spiegelt sich die verwundete Seele

Tote Augen
erloschene Tränen
kalt wie Eis
Die Wangen farblos
wie Schnee
In den Augen
schimmern Frostkristalle

Tote Bäume drängen
um den zersplitterten See
strecken ihre Äste
dem Abbild
der verloschenen Seele
entgegen
Voller Verzweiflung
und Hoffnung auf Rettung

Muss ich auch sterben, ich werd neu gebor'n
Denn niemand
ist auf ewig verlor'n.

Die flüssige Schwärze
des Mondes
ergießt sich
über das Land
Erstickt
die Scherben des Sees
Vögel lassen sich nieder
und summen
mit den Bäumen
das Lied
der Verlorenen

Der Himmel
steht in kalten Flammen
Die Fäden der Welt
lösen sich langsam auf

Endgültig

Vorauswahl aus dem Literaturwettbewerb
»Frischer Wind in der Literatur«, 2011/2012

Stefanie Abels 161	Lea Chim 168	Gudrun von Hase 178
Helga Aberle 161	Helen Christen 168	Jan Haveling 178
Stephanie Adrzejewski 162	Christa Degemann 169	Georges Heck 179
Leonard Beck 162	Henrik Dewes 169	Rene Hölke 179
Urte Behnsen 163	Uwe Dollichon 170	Karin Hufnagel 179
Mara Berg 163	Iris Dommer 170	Anne Husarzewski 180
Alexandra Bernhardt 163	Ritha Elmholt 171	Christian Ifländer 180
Elke Bischoff 164	Isabel Epple...................... 172	isique 180
Susanne Blasi-Helzel 164	Susanne Feldtmann 173	Helmut Jänecke 181
Günter Blechschmidt 164	Norina Fisch 173	Maria Karrasch 181
Cornelia Boll 164	Armin Leonhard Fischer .. 174	Mary Kieckbusch 182
Annette Borgert 165	Ingrid Franz 174	Max-Engelhardt von Kienlin 182
Rebecca Botta 165	Joachim Franz 175	Lorand Kinda 183
Henry Bren d'Amour 165	Micheal W. Friedrich 175	Andra Köhler 183
Martin Bretschneider 166	Claus-Peter Ganssauge ... 176	Sabine Kolb 184
Andreas Brunner 166	Hassan Geuad 177	Olaf Kurtz 185
Bernd Buhr 167	Winfried Greiner 177	Cai-Uwe Lindner 185

Cora Marcini 186	Wolfgang Rinn 193	Yvonne Siebel 199
Ingrid Marschner 186	Kristian Rotter 193	Diana Stein 199
Uschi Martens 187	Stefania Russo 193	Nancy Steinhoff 200
Klaus-Dieter Mattern 187	Nadine Salis 194	Heike Trefflich 200
Angelo Montorio 187	Jürgen Schäfer 194	Melanie Völker 201
Laura-Patricia Montorio 188	Birgit Schaldach-Helmlechner 194	Julia Vogt 201
Marc Müller 188	Sandra Schlesinger 194	Sam Wesson 202
Inga Nelle 188	Ingrid Ellen Brigitte Schmitz 195	Stefanie Wilhelm 202
Klaus U. Neulinger 189	Klaus-Peter Schneegass 195	Frank Wille 203
Lena Niclausen 189	Katharina Schneider 196	Gerhard Wolff 203
Rena Österreicher 190	Ursula Schöbe 196	Anita Wortström 204
Martina Panzau 190	Fabienne Scholz 197	Roland Wulff 204
Sergej Perelman 191	Joja Schott 197	Rose-Marie Zacharias 205
Rolf Pickenpack 191	Helga Schubert 198	Kyra Zill 205
Margot Pietzsch 191	Stephanie Schulz 198	
Mary Pike 192	Martin Schweitzer 198	
Roesemarie Raeuber 192	Sieglinde Seiler 199	